◎京师国际刑事法文库（56）

◎外国刑事法翻译系列之三十三

塞尔维亚共和国刑法典

CRIMINAL CODE OF REPULIC OF SERBIA

王立志 译

中国人民公安大学出版社

·北 京·

图书在版编目（CIP）数据

塞尔维亚共和国刑法典/王立志译．—北京：中国人民公安大学出版社，2011. 7

（京师国际刑事法文库．外国刑事法翻译系列）

ISBN 978 - 7 - 5653 - 0495 - 8

Ⅰ. ①塞… Ⅱ. ①王… Ⅲ. ①刑法—法典—塞尔维亚

Ⅳ. ①D954. 34

中国版本图书馆 CIP 数据核字（2011）第 134192 号

塞尔维亚共和国刑法典

王立志　译

出版发行：中国人民公安大学出版社
地　　址：北京市西城区木樨地南里
邮政编码：100038
经　　销：新华书店
印　　刷：**北京通天印刷有限责任公司**

版　　次：2011 年 7 月第 1 版
印　　次：2011 年 7 月第 1 次
印　　张：6. 875
开　　本：880 毫米 × 1230 毫米　1/32
字　　数：160 千字

书　　号：ISBN 978 - 7 - 5653 - 0495 - 8
定　　价：25. 00 元

网　　址：www. cppsup. com. cn　www. porclub. com. cn
电子邮箱：cpep@ public. bta. net. cn　zbs@ cppsu. edu. cn

营销中心电话：010 - 83903254
读者服务部电话（门市）：010 - 83903257
警官读者俱乐部电话（网购、邮购）：010 - 83903253
法律图书分社电话：010 - 83905745

北京师范大学刑事法律科学研究院
京师国际刑事法文库

总 序

20世纪70年代末80年代初以来，为顺应现代社会发展进步的历史潮流，在坚定不移地推行改革开放的基本国策之同时，中国政府尤为注重社会主义法治的建设与发展。随着立法日益健全，司法不断完善，法学欣欣向荣，国家和社会已经步入现代法治的轨道，从而有力地维护和推动了经济、政治、文化乃至整个社会全方位的发展与进步。在中国社会发展进步的历程中，社会主义法治系统必将发挥日益重要的作用。这一系统的发展完善离不开现代法学理论的引导和推动。因此，进一步重视法学研究，尤其是外向型、国际型法学研究，无疑具有长远的战略意义，刑法学领域亦然。

北京师范大学刑事法律科学研究院（以下简称刑科院）是北京师范大学重点建设的专门从事刑事法学研究的中国刑事法学领域首家且目前系唯一的具有独立性、实体性、综合性的新型学术研究机构和研究生培养单位。刑科院立足本国国情，在大力发展中国刑事法学研究的同时，专设国际刑法研究所暨外国刑法与比较刑法研究所，关注国际刑法、外国刑事法、比较刑事法的基础理论研究，并注重对当前国际刑事法理论与实务中热点、难点问题的研究。刑科院国际刑法学、外国刑事法、比较刑事法等外向型研究方面的研究力量，以本单位的教师和博士生为基本队伍，同时聘任、定向联系国内外一些著名大学和研究机构的知名刑事法及国际法专家学者、国际刑事审判机构的法官、联合国暨国际学术研究机构的知名学者。刑科院注重开拓的国际刑法学领域的学术研究范围主要包括：国际刑法的基础理论、国际犯罪、国际刑事审判、国际刑事司法协助与合作等。刑科院力图通过课题研究、学术研讨活动以及同国内外专家、学者和学术机构的学术交流与合作研究等多种渠道、多种形式，努力促进与繁荣我国外向型和国际型刑事法学研究，以适应国家在改革开放中加强刑事法制建设的需要。

"京师国际刑事法文库"，是以开拓和繁荣外向型、国际型刑事法学研究为主旨的一种学术载体形式，与北京师范大学刑事法律科学研究院的"京师刑事法文库"分工不同、相辅相成。本"文库"在广义上理解和包容国际刑事法，拟出版国内外专家学者在国际刑法、比较刑法、外国刑法、比较刑事诉讼法、外国刑事诉讼法等方面的科研成果，可以是专题研究、综合研究，可以是国外、境外法典、著作的译作或介述研究之作，还可以是国内外专家学者的合作研究项目。其中，研究性著作应具有较高的学术水平，译著、介述书籍和工具书、资料书等应具有重要的参考价值。

古人云："合抱之木，生于毫末；九层之台，起于垒土；千里之行，始于足下。"聚沙成塔，集腋成裘。我们希望能通过以文库形式的逐步积累，为我国国际刑法学和其他外向型刑事法学的发展，为法治之昌盛和社会之进步，作出应有的贡献。

是为序。

北京师范大学刑事法律科学研究院
院长　赵秉志教授　谨识
2008年12月修订

College for Criminal Law Science of Beijing Normal University

International Criminal Law Library of BNU

Preface

Since the late 1970s and early 1980s, Chinese government, to be in conformance with the trend of progressive development of modern society, has put a special emphasis on the construction and development of socialist legal system, besides firmly adhering to the principal national policy of reform and opening-up to the foreign countries. Along with the gradual perfection of legislation and judicial practice, legal science thrives and our country and society is stepping to the track of modern rule of law, which further forcefully safeguards and facilitates the development and progress of all fields such as economy, politics, culture and even the whole society. In the course of social development and progress in China, our socialist legal system will certainly play a more and more important role, which, however, is impossible without the legal theory to pilot and drive. In other words, it is of significance of long-term strategy to further reinforce legal science studies (including criminal jurisprudence studies), especially extrovert and international legal studies.

The College for Criminal Law Science of Beijing Normal University (hereinafter the College), founded in August of 2005, is the first and, at present, the only academic research organ in China specializing in criminal jurisprudence that is independent and comprehensive entity and undertakes the mission of educating postgraduates. Basing itself upon the situation of China, The College, in addition to fully developing the studies on Chinese criminal law, specially establishes the Institute for International Criminal Jurisprudence Studies, the Institute for Foreign Criminal Law and the Institute for Comparative Criminal Law, which focuses on constructing the basic theory of international criminal jurisprudence and researching the theoretic and practical hot-topics and difficulties in current international criminal law. The main force of international criminal jurisprudence staffed the College is the professors and doctorate candidates thereof, besides those who are invited as fellow researchers or fellow professors such as famous scholars and specialists engaging in criminal and international law, foreign criminal law and comparative criminal law from the prestigious universities and academic organizations home and abroad, judges from the international criminal judicial agencies and famous scholars from UN and international academic research organizations. With respect to the international criminal jurisprudence, the College opens the main academic fields for research including the basic theory of international criminal jurisprudence, international crimes, international criminal trial, and international judicial assistance in criminal matters, and so on. The College seeks to facilitate and thrive studies on the extrovert and international criminal law through various channels and programs such as project researches, academic workshops, academic exchange and cooperation with domestic and foreign specialists, scholars and academic organs, so as to meet the requirements of strengthening criminal legal construction in the course of reform and opening up to the foreign countries. International Criminal Law Library of BNU, undertaking different missions from Criminal Jurisprudence Library of BNU but supplementing each other, seeks to exploit and deepen and thrive the academic researches on extrovert and international criminal jurisprudence. With a broad understanding and including of international criminal law, the library consists of the academic achievements by domestic and foreign specialists and scholars on international criminal law, comparative criminal law, foreign criminal law, comparative criminal procedure law and foreign criminal procedure law, which may be of either special topics or general topics in a rather profound academic level, or introduction or translations of foreign literatures and codifications with much value of references, or research projects co-operated by domestic and foreign specialists. As an ancient master said, "A huge tree grows from a tiny seedling; A nine-storey tower begins with a pile of earth; A thousand-li journey begins with the first step." "Grains of sand piled up make a pagoda; The finest fragments of fox fur, sewn together, will make a robe." Through the program of library, we seek to accumulate academic fruits and develop the international criminal jurisprudence and other extrovert criminal jurisprudence, so as to make our contributions to the prosperity of rule of law and progress of the society.

Prof. Zhao Bingzhi
Dean of College for Criminal Law Science
Beijing Normal University
December 2008

译者序

塞尔维亚共和国（The Republic of Serbia）（塞尔维亚语：Србија 或 Srbija）是位于欧洲东南部，巴尔干半岛中部的内陆国，面积 8.8 万平方公里。与黑山、波斯尼亚和黑塞哥维那、克罗地亚、匈牙利、罗马尼亚、保加利亚、马其顿及阿尔巴尼亚接壤。公元 7 世纪，部分斯拉夫人越过喀尔巴阡山移居巴尔干半岛。公元 9 世纪起，开始形成塞尔维亚、杜克里亚（后称泽塔，即现在的黑山共和国地区）等国家，并且在拜占庭帝国的影响下改信东正教。公元 10 世纪末，塞尔维亚一度处于保加利亚的统治之下。公元 1018 年，拜占庭灭亡了第一保加利亚王国，接着又迫使塞尔维亚臣服。公元 15 世纪土耳其奥斯曼帝国征服塞尔维亚，吞并马其顿、波斯尼亚和黑塞哥罗维那以及黑山部分领土，统治期长达 500 年。塞尔维亚在 1804 年和 1815 年两次民族革命当中获得了高度自治。1878 年，塞尔维亚在俄国的协助下获得完全的独立，1882 年成立王国，但其国土仅包括今塞尔维亚的中部。在 20 世纪初的两次巴尔干半岛战争当中，塞尔维亚的国土向南扩展，兼并了包括科索沃、今马其顿共和国等地区，但北部的伏伊伏丁那地区当时为奥匈帝国所管辖，不在塞尔维亚国土范围之内。第一次世界大战后，奥匈帝国被击败。1918 年，南部斯拉夫一些民族联合成立“塞尔维亚 - 克罗地区 - 斯洛文尼亚王国”，1929 年改称南斯拉夫王国，塞尔维亚和黑山成为其中一部分。第二次世界大战时，南斯拉夫三面受敌，除希腊外所有邻国都是轴心国成员。1941 年 4 月，轴心国侵入南斯拉夫，并将其瓜分，如伏伊伏丁那大体被匈牙利兼并，科索沃并入阿尔巴尼亚，塞尔维亚其余部分则由德军占领。此时南斯拉夫人民军在铁托的领导下开始反抗德国的占领。1945 年，苏联红军进入南斯拉夫，同年塞尔维亚、克罗地亚、波黑、斯洛文尼亚、马其顿、黑山等六个加盟共和国成立了这个后来称其拥有“一个党（南共联盟）和一个领袖（铁托）；两种文字或使用两种字母（拉丁字母和西里尔字母）；三种官方语言（塞尔维亚克罗地亚语或克罗地亚塞尔维亚语、斯洛文尼亚语和马其顿语）；四种宗教（东正教、天主教、新教和伊斯兰教）；五个主体民族（塞尔维亚族、克罗地亚族、斯洛文尼亚族、马其顿族和黑山族）；六个共和国（塞尔维亚共和国、克罗地亚共和国、斯洛文尼亚共和国、马其顿共和国、波黑共和国和黑山共和国）；七个邻国（罗马尼亚、保加利亚、希腊、阿尔巴尼亚、意大利、奥地利和匈牙利）；八个联邦单位（六个共和国加上塞尔维亚共和国境内的伏伊伏丁那和科索沃自治省）”的南斯拉夫社会主义联邦共和国。铁托于 1980 年逝世后，民族矛盾开始激化，1991 年斯洛文尼亚、克罗地亚宣布独立。此后，马其顿、波黑两国也相继宣布独立。原南斯拉夫仅存的塞尔维亚和黑山两个共和国于 1992 年宣布成立南斯拉夫联盟共和国，其面积和人口都只有原来南斯拉夫社会主义联邦共和国的 40% 左右，被称为“小南斯拉夫”或“第三南斯拉夫”。2003 年，南斯拉夫联盟共和国议会通过《塞尔维亚和黑山宪章》，改国名为“塞尔维亚和黑山”，组成松散的国家共同体。2006 年 5 月 21 日，黑山通过公民投票决定正式独立，6 月 3 日黑山议会正式宣布独立，塞黑联邦因而解散，6 月 5 日塞尔维亚国会亦宣布独立并且成为塞黑联邦的法定继承国。塞尔维亚的民族成分十分复杂，除了主体的塞尔维亚族之外还有其他37个民族生活在塞尔维亚。所有公民都享有平等的权利和责任，并享有充分的种族平等。官方语言是塞尔维亚语，官方正式场合使用西里尔字母，平时常用拉丁字母。在少数民族地区可以使用本民族的语言。塞尔维亚绝大多数人信仰东正教，在塞尔维亚也有伊斯兰教，天主教等。

塞尔维亚现行刑法典系由塞尔维亚共和国官方公告2005年第82号颁布，并于2006年1月1日实施。塞尔维亚共和国刑法典是在《南斯拉夫社会主义联邦共和国刑法典》（南斯拉夫社会主义联邦共和国官方公告1976年第44号颁布）以及《塞尔维亚共和国刑法典》（塞尔维亚社会主义共和国官方公告1977年第26号颁布）的基础上，结合塞尔维亚现实国情而形成的一部具有浓郁民族性及鲜明时代性的刑法典。之后由于塞尔维亚共和国政治经济以及社会生活之的不断变迁，立法机关对该法典不断进行了相应的修正与完善，经过塞尔维亚共和国官方公告2005年第88号、塞尔维亚共和国官方公告2005年第107号、塞尔维亚共和国官方公告2009年第72号多次修正。使得塞尔维亚共和国刑法典之条文内容也发生了较大变动，体现了刑法应当服务于社会生活实践的基本要求。塞尔维亚刑法典的主要内容为：

1. 刑法典的体系

塞尔维亚共和国刑法典分为总则、分则及附则三大部分。总则包括以下12章：第1章，基本规定；第2章，塞尔维亚共和国刑事立法的适用；第3章，犯罪；第4章，刑罚；第5章，告诫措施；第6章，保安处分；第7章，没收犯罪收益；第8章，定罪的法律后果；第9章，复权、定罪的法律后果的结束、犯罪人受刑记录的揭露；第10章，法定时效；第11章，大赦和特赦；

第 12 章，释义。分则包括以下 23 章：第 13 章，侵害生命和身体的犯罪；第 14 章，侵害人类和公民的自由和权利的犯罪；第 15 章，侵犯选举的犯罪；第 16 章，侵犯劳动权利的犯罪；第 17 章，侵犯名誉和荣誉的犯罪；第 18 章，性犯罪；第 19 章，侵犯婚姻及家庭关系的犯罪；第 20 章，侵犯知识产权的犯罪；第 21 章，侵犯财产的犯罪；第 22 章，侵犯经济利益的犯罪；第 23 章，侵犯人类健康的犯罪；第 24 章，侵害环境的犯罪；第 25 章，危害公众人身及财产安全的犯罪；第 26 章，危害交通安全的犯罪；第 27 章，危害计算机数据安全的犯罪；第 28 章，危害塞尔维亚共和国宪法秩序及国家安全的犯罪；第 29 章，针对政府权力的犯罪；第 30 章，妨害司法的犯罪；第 31 章，侵害公共和平和秩序的犯罪；第 32 章，针对法律文书的犯罪；第 33 章，违背公职人员职责的犯罪；第 34 章，针对人权和其他受国际法保护的基本权利的犯罪；第 35 章，针对塞尔维亚共和国军队的犯罪；附则，即第 36 章，过渡及结束条款。

2. 刑法典的基本原则

（1）罪刑法定原则。塞尔维亚共和国刑法典第 1 条规定："如果在实施行为时，该行为并不构成犯罪，则不应对行为人适用刑罚或者其他刑事制裁措施；如果在实施危害行为时，法律并未对该行为设置刑罚或者其他刑事制裁措施，则亦不应对行为人适用刑罚或者其他刑事制裁措施。"（2）责任主义原则。塞尔维亚共和国刑法典第 2 条规定："只有当行为人对其危害行为应当承担罪责时，才能对其适用刑罚和警告措施。"（3）刑罚适用合乎目的性原则。塞尔维亚共和国刑法典第 3 条规定："保护人类及其他基本社会利益，应当是定罪、制裁犯罪以及在遏制犯罪的必要范围之内动用刑法的基本原则和限制。"

3. 塞尔维亚共和国刑事立法的适用

塞尔维亚共和国刑法典第2章从第5条至第13条分别规定了塞尔维亚共和国刑事立法的适用时间、在塞尔维亚境内的刑事立法适用、某些在境外发生的特殊犯罪适用塞尔维亚刑事立法、塞尔维亚共和国公民在境外犯罪适用塞尔维亚刑事立法、外国人在境外犯罪适用塞尔维亚刑事立法、追诉在境外发生的犯罪的特殊条件、审前监禁时间和在境外服刑时间的计算、法人犯罪的刑事责任、本法典总则的适用。

4. 刑事犯罪的概念

塞尔维亚共和国刑法典规定了犯罪的概念。其中第14条第1款规定："犯罪是一种被法律所确定为犯罪的行为。犯罪是在某种罪过心理支配下实施的，具有非法性的特征。"第14条第2款规定："即便依照法律规定，某种行为具备了所有的犯罪构成要件，但如果该行为不具有非法性以及可归责性，则该行为不是犯罪。"而第18条则规定："（一）如果某一行为属于显著轻微的行为，即便其具备了所有的犯罪构成要件，也不应被视为犯罪行为。（二）显著轻微的行为意味着行为人的刑事责任相对轻微，或者不存在危害后果，或者危害后果不严重，或者行为人已经消除了危害后果所造成之影响，因此就刑事制裁适用的根本目的而言，已无对行为人适用刑事制裁措施之必要性。……"可见，塞尔维亚共和国刑法典所规定的犯罪概念属于混合概念，和我国刑法颇为相似。

5. 犯罪方式、时间及地点

根据塞尔维亚共和国刑法典第15条规定，犯罪可以由不作为方式构成。第16条第1款规定："犯罪时间系犯罪人实施作为或不作为行为之时间，而与危害后果何时发生无关。"第17条第

1 款规定：“犯罪地点系犯罪人实施作为或不作为行为之地点以及犯罪结果完全或部分发生之地点。”

6. 正当化事由

塞尔维亚共和国刑法典规定了正当防卫、紧急避险两种正当化事由，并且分别规定了防卫过当以及避险过当的刑事责任。

7. 刑事责任能力

(1) 刑事责任年龄。塞尔维亚共和国刑法典第 4 条第 3 款规定：“不得对在犯罪时不满十四周岁的人适用刑罚。……”(2) 精神病人的刑事责任能力。塞尔维亚共和国刑法典第 23 条规定：“（一）如果行为人实施危害行为时，处于心智丧失状态，则不构成犯罪。（二）如果行为人因为患有精神疾病、暂时精神紊乱、智力发育不全，或者其他严重精神失调等疾病，并因此而对其行为之意义完全不了解或完全不能控制其行为时，则行为人属于心智丧失。”该条还规定：“（三）如果行为人因为第二款中的某种特定情况而使其理解其行为意义之能力或控制其行为之能力明显减弱（心智明显减弱），可以对其减轻处罚。”

8. 错误

塞尔维亚共和国刑法典规定了事实错误、法律错误以及其相应之处理原则。例如，第 28 条第 2 款规定：“如果行为人不需要避免或者不可能避免出现对某种特殊情节之错误认识，而该特殊情节是某一犯罪的法定构成要件的，或者如果具备该特殊情节，就会允许实施某一行为的，即会存在事实错误之情况。”又如第 29 条第 2 款规定：“如果行为人不需要意识到或者不可能意识到其行为已经被法律所禁止的，即会存在法律错误之情况。”

9. 未完成之犯罪

塞尔维亚共和国刑法典规定了犯罪未遂和犯罪中止两种犯罪

未完成形态。(1) 犯罪未遂。塞尔维亚共和国刑法典第 30 条规定:“(一) 行为人故意实施某种犯罪,但却未能将该犯罪实施完毕的为犯罪未遂。如果行为人所犯之罪依照法律可能会被宣告为五年监禁或更为严厉的惩罚,则对其犯罪未遂行为应当给予刑罚处罚;对于其他的犯罪未遂,仅在法律有明确规定之情况下才能予以处罚。……(二) 对犯罪未遂,应当在按照犯罪既遂处罚,或者从宽进行处罚。”塞尔维亚共和国刑法典第 31 条还设置了不能犯未遂,该条规定:“如果行为人在犯罪时,使用了不适当的犯罪工具,或者选择了不适当的犯罪对象,并因此而致使犯罪不可能达到既遂的,可以免予处罚。”(2) 犯罪中止。塞尔维亚共和国刑法典第 32 条规定“(一) 行为人意图实施犯罪,但是出于自愿而放弃实施犯罪行为,或者防止犯罪后果出现的,可以免予处罚。如果行为人是因为外界环境对其实施犯罪行为产生阻碍或者实质性阻碍,或者行为人认为存在此种阻碍,并因此而未能完成犯罪的,则不能适用本条第一款之规定。……”

10. 共同犯罪

塞尔维亚共和国刑法典中的共同犯罪包括共同正犯、教唆犯、帮助犯及无形帮助犯。塞尔维亚共和国刑法典第 33 条是共同犯罪的基本条款,该条规定:“如果某些人共同实施某一犯罪行为的,或者基于过失而共同实施某一行为的,或者将某一共同谋议的犯罪决定付诸实施的,或者以其他方法故意对犯罪行为之实施提供实质性贡献的,则每个实施人都要因此而承受该种犯罪所对应之刑罚。”第 34 条及第 35 条分别规定了教唆犯、帮助犯以及无形帮助犯的概念,并在第 36 条规定了从犯刑事责任及其处罚可能性之限制。

11．通过公共传媒所犯之罪的特殊条款

根据塞尔维亚共和国刑法典第 38 条规定，在犯罪是通过在报纸或其他类期刊、广播、电视等媒体上发布信息而实施的情况下，主编、出版者、印刷者和制造者所应承担的相应刑事责任。第 39 条规定了出版人、印刷人及制作人的刑事责任，第 40 条则规定了对信息来源之保护。

12．刑罚之目的、种类及宣告刑罚之条件

塞尔维亚共和国刑法典第 42 条规定："和刑事制裁措施的根本目的（见本法第四条第二款）相一致，刑罚之目的应当是：（一）使得犯罪人及时停止实施犯罪行为以及预防犯罪人重新犯罪及；（二）威慑其他人不敢实施犯罪行为；（三）表达社会对犯罪行为之谴责，增强道德力量以及强化公民遵纪守法的义务。"第 43 条规定："刑罚的种类包括 1. 监禁；2. 罚金；3. 社区服务；4. 吊销机动车驾驶执照。"长期监禁刑应当是塞尔维亚共和国刑法典中一个非常独具特色之处。其适用对象为故意实施的最为严重的犯罪，或者是其性质特别严重或是引起了特别严重后果。其监禁期限为 21 至 40 年。毫无疑问，长期监禁刑属于最好的死刑代替措施，其效果也远胜于终身监禁。职是之故，塞尔维亚共和国刑法典中没有设置死刑及终身监禁。

13．量刑

塞尔维亚共和国刑法典第 54 条至第 63 条属于量刑方面的法条规范。例如，第 54 条设置了量刑的一般规则，该条第 1 款规定："法庭应当依据刑罚之目的，在法律所规定的范围之内对犯罪人裁量刑罚，并且要考虑所有影响从轻或从重，减轻或加重适用刑罚之情节，并且尤其要考虑犯罪人刑事责任之轻重、犯罪之动机、对法益所造成之损害大小、犯罪环境、被害人过错、犯罪人犯罪前之生活状况、其个人情况、其犯罪后的表现以及其他影响到犯罪人性格形成的有关情节。”而其他条文分别对诸如再犯、减轻处罚、减轻处罚的限制、免予处罚、犯罪人和被害人之间的和解、合并审判之数罪的刑罚裁量、连续犯、对已经判刑之人的刑罚裁量、审前羁押和先前处罚的折抵等情况进行了详细规定。

14. 告诫措施

塞尔维亚共和国刑法典第 5 章规定了告诫措施。例如，第 64 条规定：“告诫措施包括缓刑和司法训诫。”而第 65 条则规定：“和刑事制裁措施的根本目的（本法第四条第二款）相一致，缓刑和司法训诫的目的在于，对于罪行相对轻微之犯罪人而言，如果在对犯罪人仅采取威胁适用刑罚的告诫（缓刑）或者仅采取警告（司法训诫）就能有效威慑犯罪人实施新的犯罪的，则不必对其施加刑罚。”第 66 条至第 77 条则分别对诸如缓刑、宣告缓刑的条件、因犯新罪而撤销缓刑、因漏罪而撤销缓刑、因不履行特定义务而撤销缓刑、撤销缓刑的时间限制、附保护性监管措施的缓刑、适用保护性监管措施的条件、保护性监管措施的内容、保护性监管措施的选择、保护性监管措施的期限、未能履行保护性监管义务的结果、司法训诫等方面的情况进行了详细说明。

15. 保安处分

塞尔维亚共和国刑法典第 6 章规定了保安处分措施。例如，第 78 条规定：“和刑事制裁措施的根本目的相一致，保安处分之目的在于消除能够引发犯罪人日后再次犯罪的环境或条件。”而根据第 79 条，塞尔维亚共和国刑法典中的保安处分措施包括在健康机构中接受强制心理治疗和监护；在自由状态中接受强制心理治疗；对麻醉品成瘾的强制治疗；对酒精成瘾的强制治疗；禁止从事某种职业、进行某种活动或担任某种职务；禁止驾驶机动车；对物没收；对外国人适用的驱逐出境；发布法庭裁决；禁止与被害人聚会或者联系。

16. 没收犯罪收益

塞尔维亚共和国刑法典第 7 章规定了没收犯罪收益。例如，第 91 条第 1 款明确规定：“任何人不得保留通过犯罪而获得之物质利益。”第 92 条规定“（一）犯罪人通过犯罪而获得的金钱、有价物或其他物质利益应予以没收。如果无法没收上述犯罪收益，法庭应责令犯罪人缴纳与该犯罪收益具有同等价值的其他财产，或者支付与该犯罪收益具有同等价值的相应金钱。（二）如果某一法人或者某一自然人在接受犯罪收益时，并未支付相应之对价，或者所支付之对价明显小于该犯罪收益之实际价值，则法庭可以没收该犯罪收益。（三）如果犯罪人系为他人而牟取犯罪收益的，则该犯罪收益应当予以没收。”

17. 定罪的法律后果

塞尔维亚共和国刑法典第 8 章规定了定罪的法律后果。例如，第 94 条第 1 款规定：“犯某种的特定之罪或者被判处某种特定之刑罚的犯罪人，应当承受某种定罪的法律结果，并可以因此而被停止实施或者被剥夺某种特定权利，或者被禁止获得某种特定权利。”而第 95 条则明确了定罪的法律后果的种类，该条规定：定罪的法律后果会使犯罪人丧失担任公职的权利；被劳动雇佣，或者继续从事特定职业或者担任特定岗位的权利；继续持有政府相关主管部门或者地方自治政府所颁发的特别许可或者执照的权利。定罪的法律后果将禁止犯罪人获得如下权利：被任命为特定公职人员的权利；获得特定资格、从事特定职业或担任特定岗位或者升职的权利；获得军衔的权利；获得由政府相关主管部门或者地方自治政府所颁发的特别许可或者执照的权利。

18. 复权、定罪的法律后果的结束、犯罪人受刑记录的揭露

塞尔维亚共和国刑法典第 9 章规定了复权、定罪的法律后果的结束、犯罪人受刑记录的揭露。例如，第 97 条明确了复权的一般概念，该条规定："（一）复权意味着撤销定罪，所有的定罪的法律后果也会就此终止，并且犯罪人的有关受刑记录也会就此消除。（二）犯罪人的复权可以依照法律而启动（法律复权），或法庭依照犯罪人的请求而启动（法庭复权）。（三）对犯罪人的复权不得损害定罪判决中所涉及的第三人的权利。"而第 98 条至第 102 条则分别规定了诸如法律复权、法庭复权、对于先前数罪的法庭复权、定罪法律后果的终止、犯罪记录的内容及其获取等方面的情况。

19. 法定时效

塞尔维亚共和国刑法典第 10 章规定法定时效。例如，第 103 条规定："除非法律有其他规定，犯罪经过下列期限不得再进行追诉：1. 依法可能被判处三十年以上四十年以下监禁的犯罪，犯罪后满二十五年的；2. 依法可能被判处十五年以上监禁的犯罪，犯罪后满二十年的；3. 依法可能被判处十年以上监禁的犯罪，犯罪后满十五年的；4. 依法可能被判处五年以上监禁的犯罪，犯罪后满十年的；5. 依法可能被判处三年以上监禁的犯罪，犯罪后满五年的；6. 依法可能被判处一年以上监禁的犯罪，犯罪后满三年的；7. 依法可能被判处一年监禁或罚金的犯罪，犯罪后满两年的。"而第 104 条至第 108 条则分别对于诸如追诉时效的过程及中断、行刑时效、附加刑和保安处分措施的行刑时效、行刑时效的过程及中断、不适用时效的情况等方面的问题进行了详细规定。

20. 大赦和特赦

塞尔维亚共和国刑法典第 11 章规定了大赦和特赦。例如，第 109 条规定："（一）被大赦的人们可以因此而免予追诉，或完全或部分免除刑罚执行，或其被宣告较轻的刑罚，或者被复权，或被部分或者全部撤销定罪的法律后果。（二）被大赦之人可以因此而被撤销以下保安处分措施，或缩短其期限：禁止从事某种职业、进行某种活动或担任某种职务、禁止驾驶机动车以及对外国人适用的驱逐出境。"而第 110 条至第 111 条则分别对特赦、大赦及特赦对第三人权利的影响等方面的问题进行了详细规定。

本书是笔者近期所致力的前南斯拉夫六国刑法典翻译系列的第三部。细心的读者也许会发现，本书的译者序和先前笔者所翻译的马其顿共和国刑法典及克罗地亚共和国刑法典的译者序无论是在篇章结构还是在创作风格上都迥然相异。在法学研究中，法典翻译完毕之后写上一个法典评述作为译者序，并寻找时日将其作为一篇译介式论文进行发表业已是法典翻译通常之习惯，流风所及，似乎形成了一种思维定式。就笔者而言，也深受其影响。故此，在翻译本书之初也曾经试想沿用先前之模式，写出塞尔维亚共和国刑法典评述之类的长文，将其作为本书的译者序。但一方面塞尔维亚刑法典中诸如隐私犯罪、媒体替代责任、风化犯罪、杀人罪、危害计算机数据安全的犯罪、国际人道法规范等别有韵味的特色实在太多，如果不加选择予以全部评述无疑会喧宾夺主，将本部刑法典掩盖在评述的阴影之下。另一方面，虽然刑法典的每个条文都无不渗透蕴藉着立法者丰厚的主观好恶及其内心倾向，但其法条规范及其实质内容却更是一种客观存在。评述本身就带有浓烈主观色彩，容易形成千人千面的殊异解读。尤其是笔者本人对于继承前南斯拉夫国际法地位的塞尔维亚共和国有种强烈的亲近感，故此对于其刑法典的评述难免夹杂溢量的褒扬推赏在内，而这种立场鲜明的评述进行的越是细腻精致越是容易距离事实愈加遥远，从而形成误读和遮蔽，并妨碍其他读者对于法典实质内容的精细把握。而不加修饰，对其篇章结构及其重点条文规范进行粗略剪辑，将其客观内容简要摹拓下来，能防止在对该法典进行译介的错位与失真。同时，对自认为有特色的法典内容进行评述，无疑也是个人选择的结果，势必是以牺牲刑法典的厚重性与复杂性为代价的。走笔至此，不由得想起了米兰·昆德拉在关于小说艺术的论述中说："小说的精神是复杂性的精神，每部小说都对读者说：'事情比你想的要复杂。'"[①] 而对法典之复杂性也可以做出类似考语。事实上，每一部法典都凝结着立法者特有智慧与才情，其内部法条的相互作用、交错、牵连，使得其自身理论尤为稠密，质本愈加厚重，其意义也远比人们所能想象的更为复杂。故此，无论是翻译者还是读者在翻阅品味塞尔维亚共和国刑法典时，切不可抱有想当然的态度，去臆断猜测其实际含义，而更应当持有敬畏的态度，在字里行间中，悉心咀嚼研磨，从而推敲体会塞尔维亚刑法典所具有的神采风韵。

王立志

2011 年 1 月 8 日　于郑州中方园寓所

① ［捷］米兰·昆德拉：《小说的艺术》，孟湄译，三联书店 1992 年版，第 17 页。

目　录[1]

① 本目录系译者所加。

塞尔维亚共和国刑法典

1. 塞尔维亚共和国官方公告二零零五年第八十二号颁布，2006年1月1日实施；

2. 塞尔维亚共和国官方公告二零零五年第八十八号修正；

3. 塞尔维亚共和国官方公告二零零五年第一百零七号修正；

4. 塞尔维亚共和国官方公告二零零九年第七十二号修正。

第一编　总　　则

第一章　基本规定

第一条　罪刑法定原则[①]

如果在实施行为时，该行为并不构成犯罪，则不应对行为人适用刑罚或者其他刑事制裁措施；如果在实施危害行为时，法律并未对该行为设置刑罚或者其他刑事制裁措施，则亦不应对行为人适用刑罚或者其他刑事制裁措施。

第二条　没有罪责就没有刑罚

只有当行为人对其危害行为应当承担罪责时，才能对其适用刑罚和警告措施。

第三条　刑事强制措施的基本原则及其限制

保护人类及其他基本社会利益，应当是定罪、制裁犯罪以及在遏制犯罪的必要范围之内动用刑法的基本原则和限制。

---

① 塞尔维亚共和国刑法典中绝大多数的法条都分配有具体名称。其具体表现为，在总则中，立法者将该法条规范的含义用简单词语加以总结，而在分则中，则一般对应具体的罪名。此种立法技术之优势是显而易见的，适法者及一般民众在总体上可以对刑法典获得直观而通透之把握，其不必翻看全文，即可找寻到所意图了解之法条，因此对于法条之适用而言是极其便利的。我国台湾地区、日本、德国刑法典以及前南斯拉夫地区中马其顿、克罗地亚、斯洛文尼亚等国，亦是如此。

第四条　刑事制裁措施及其根本目的

（一）刑事制裁措施包括：刑罚、警告、保安处分以及改过迁善措施。

（二）设置以及适用刑罚的根本目的在于遏制侵犯或者危及刑事立法所保护的利益。

（三）不得对在犯罪时不满十四周岁的人适用刑罚。但如果某个针对青少年犯罪人适用的法律规范有特殊规定时，可以对其适用教育矫正措施以及其他刑事制裁措施。

第二章　塞尔维亚共和国刑事立法的适用

第五条　适用时间

（一）在法律有效期内实施犯罪的，应当依照当时的法律对犯罪人定罪量刑。

（二）如果法律在犯罪行为实施之后发生过一次或数次变更，则应当对犯罪人适用更为宽缓的刑事立法。

（三）行为人如果在某个限时法生效时间内触犯该法所设置之犯罪，则无论该行为人在何时接受审判，都应当适用该限时法，该法另有规定的除外。[1]

第六条　在塞尔维亚共和国境内的刑事立法适用

（一）任何人在塞尔维亚共和国领域内犯罪，都应当适用塞尔维亚共和国刑事立法。

（二）任何人在塞尔维亚共和国船舶内犯罪的，无论犯罪发生时该船舶位置何在，均适用塞尔维亚共和国刑事立法。

（三）凡在塞尔维亚共和国正在飞行中的民用或军用航空器内犯罪的，无论犯罪发生时该航空器位置何在，均适用塞尔维亚共和国刑事立法。

（四）就本条第一款至第三款之犯罪而言，如果在国外已经对该犯罪提起诉讼或者已经诉讼终结，则只有经过塞尔维亚共和国检察官的允许，才能在塞尔维亚对该犯罪启动刑事诉讼。

（五）就本条第一款至第三款之犯罪而言，当犯罪人是外国公民时，在塞尔维亚共和国和该国签订有双边协定的情况下，可以将其移交给该国提起刑事诉讼。

---

① 所谓“限时法”是指为适应一时的或特殊的事情，而有限定其有效适用期间的法律。“限时法”主要存在于行政法领域中，但是在刑法领域中亦不乏限时法立法例之存在，尤其是在一些为适应一时之需而制定的特别刑法中，一般都明文规定其适用时间，如“本法适用于战争期内”、“本法适用于非常时期”等，这些都是典型的限时法，只要立法中规定的特定期间届满，该法律即自行失效。需要指出的是，塞尔维亚共和国刑法典中对“限时法”的适用采取了从旧原则，这也和大多数国家对限时法的溯及力的规定相一致。其理由在于，由于立法者及普通民众在限时法颁布之初即已经预见到法律有明确的废止时期，如果“限时法”没有溯及力，则随着失效日期的临近或者临时事态的转变，其适用的可能性就将不复存在。因而，为了防范某些社会不安分子在限时法届满之时的犯罪投机行为，即便在“限时法”失效后，对该期间发生的行为也应当按照“限时法”处理，故此“限时法”应当适用从旧原则。

第七条 某些在境外发生的特殊犯罪适用塞尔维亚共和国刑事立法

任何人在塞尔维亚共和国境外，犯本法第三百零五条至第三百一十六条以及第三百一十八条至第三百二十一条之罪的，适用塞尔维亚共和国刑事立法；因伪造塞尔维亚共和国货币而犯本条第二百二十三条之罪的，也适用塞尔维亚刑事立法。

第八条 塞尔维亚共和国公民在境外犯罪适用塞尔维亚共和国刑事立法

（一）塞尔维亚共和国公民在境外犯罪的，除本法第七条所列举的犯罪之外，如果在塞尔维亚共和国境内被抓获，或被引渡回国的，应适用塞尔维亚刑事立法。

（二）就本条第一款之情况而言，如果某一外国公民在实施犯罪后，加入塞尔维亚国籍，也应当适用塞尔维亚刑事立法。

第九条 外国人在境外犯罪适用塞尔维亚共和国刑事立法

（一）外国人在塞尔维亚共和国境外针对塞尔维亚共和国或塞尔维亚共和国公民犯罪的，除本法第七条所列举的犯罪之外，如果该人在塞尔维亚共和国境内被抓获或被遣返回国的，适用塞尔维亚刑事立法。

（二）外国人在塞尔维亚共和国境外针对某一外国或该国公民犯罪的，并且依照本法可能会被判处五年监禁或更严厉刑罚的，如果该人在塞尔维亚共和国境内被抓获并且并未被遣返到外国的，适用塞尔维亚刑事立法。如果本法没有其他规定，法院对其所判处的刑罚不得重于依照犯罪地所在国家刑法所应判处的刑罚。

第十条 追诉在境外发生的犯罪的特殊条件

（一）就本法第八条及第九条之规定而言，如果存在下列情况，则不能对犯罪人进行刑事起诉：

1. 犯罪人已在国外受过外国法院所判处之刑事处罚的；

2. 犯罪人已经被最终判决宣告无罪，或者刑罚之法定时效已经届满，或者犯罪人被赦免的；

3. 对心智不全的犯罪人所适用的保安处分措施，在境外已经执行完毕的；

4. 依照外国法律，某种犯罪应依被害人之建议方可提起公诉，而被害人未提出建议的。

（二）就本法第八条及第九条之规定而言，仅当依照犯罪地的法律亦应受处罚的，方可进行起诉。当本法第八条及第九条第一款之行为，依照行为地法律不应处罚时，则仅在塞尔维亚共和国检察官批准之后，方可在塞尔维亚共和国国内进行起诉。

（三）如果本法第九条第二款中所涉及的行为，依照基本法律原则属于国际社会所普遍认可的犯罪的，则无论行为发生地所在国家的法律对此行为如何规定，仅在塞尔维亚共和国检察官批准之后，方可在塞尔维亚共和国国内启动追诉。

第十一条　审前监禁时间和在境外服刑时间的计算

塞尔维亚共和国法院在审判犯罪时，应当对犯罪人的拘留、因犯罪而导致的其他任何形式的剥夺自由、在引渡程序中的羁押以及其依照外国法院判决在境外所被执行的刑罚等情况予以考虑，从而对犯罪人之刑罚进行相应折抵。如果法院所判刑罚种类和外国法院所判刑罚种类不相同，则法院应当在做出相应估算后，对犯罪人之刑罚进行折抵。

第十二条　法人犯罪的刑事责任

法人犯罪的刑事责任以及法人犯罪所应承担的刑罚，应当由特别法律予以规定。

第十三条 本法典总则的适用

本法典总则部分的条文规范，适用于本法以及其他法律所规定的所有犯罪行为。

第三章 犯罪

第一节 犯罪的一般条款

第十四条 犯罪

（一）犯罪是一种被法律所确定为犯罪的行为。犯罪是在某种罪过心理支配下实施的，具有非法性的特征。

（二）即便依照法律规定，某种行为具备了所有的犯罪构成要件，但如果该行为不具有非法性以及可归责性，则该行为不是犯罪。

第十五条 不作为犯罪行为

（一）如果法律规定，将未能采取某种行动视为犯罪的，则这种犯罪就是不作为犯罪。

（二）即便法律将某种犯罪规定为作为方式的犯罪，但如果该犯罪和没有履行法定义务的不作为犯罪相比，在行为危害性上具有相同意义的，则该犯罪也可以由不作为方式实施。

第十六条 犯罪时间

（一）犯罪时间系犯罪人实施作为或不作为行为之时间，而与危害后果何时发生无关。

（二）从犯的犯罪时间系其实施作为或不作为行为之时间。

第十七条　犯罪地点

（一）犯罪地点系犯罪人实施作为或不作为行为之地点以及犯罪结果完全或部分发生之地点。

（二）就犯罪未遂而言，其犯罪地点包括犯罪行为实施地点以及危害结果所意图发生之地点及可能发生之地点。

（三）就从犯而言，其犯罪地点还包括其进行共同谋议之决策地点。

第十八条　显著轻微的行为

（一）如果某一行为属于显著轻微的行为，即便其具备了所有的犯罪构成要件，也不应被视为犯罪行为。

（二）显著轻微的行为意味着行为人的刑事责任相对轻微，或者不存在危害后果，或者危害后果不严重，或者行为人已经消除了危害后果所造成之影响，因此就刑事制裁适用的根本目的而言，已无对行为人适用刑事制裁措施之必要性。

（三）本条第一款及第二款的规定，适用于应被判处五年以下监禁或者罚金的犯罪。

第十九条　正当防卫

（一）正当防卫行为，不是犯罪。

（二）如果行为人只有进行防卫，才能使得自己或者他人免受正在进行的不法侵害的，则该种防卫行为是正当防卫。

（三）行为人之防卫行为超出正当防卫所需之限度时，应当减轻处罚；但如果行为人之行为超出正当防卫限度，是因为行为人对不法侵害所产生之强烈愤怒或恐惧所导致的，则可对行为人免予刑事处罚。

第二十条 紧急避险

（一）紧急避险行为，不是犯罪。

（二）如果行为实施之目的是为了使行为人或其他人避免正在发生的明显之危险，而用其他方法不能避免危害后果之发生，且行为所造成的危害不大于该种危险所能造成之危害的，则该种行为是紧急避险。

（三）因为疏忽自招危险而实施避险行为的，或避险行为超出紧急避险之限度的，可对其从宽处罚；如果避险过限行为存在特定之减轻情节，则可对行为人免予刑事处罚。

（四）负有处置危险事态之义务的人员，不适用紧急避险的规定。

第二十一条 强制或威胁

（一）行为人受到完全不能抗拒的强制时所实施的行为，不是犯罪。

（二）如果行为人因受到威胁或者可以抗拒的强制而实施了犯罪行为的，则可以对其减轻处罚。

（三）就本条第一款之规定而言，实施不能抗拒强制的行为人，应当被视为被强制者所实施的危害行为的犯罪人。

第二十二条 罪责

（一）如果行为人故意实施危害行为时心智健全，并且明知或者应当预见到其行为是被法律所明确禁止的，应当承担刑事责任。

（二）如果法律有明确规定，过失犯罪也应当承担刑事责任。

第二十三条 心智丧失

（一）如果行为人实施危害行为时，处于心智丧失状态，则不构成犯罪。

（二）如果行为人因为患有精神疾病、暂时精神紊乱、智力发育不全，或者其他严重精神失调等疾病，并因此而对其行为之意义完全不了解或完全不能控制其行为时，则行为人属于心智丧失。

（三）如果行为人因为第二款中的某种特定情况而使其理解其行为意义之能力或控制其行为之能力明显减弱（心智明显减弱），[1] 可以对其减轻处罚。

第二十四条　自我导致心智丧失

（一）行为人如果因服用酒精、麻醉品或以其他方式导致自己处于不能理解自己行为的意义或不能控制自己行为的精神状态，并因此而实施了危害行为的，则在其实施自愿导致丧失心智行为之时，便应承担相应之刑事责任。

（二）行为人在本条第一款之情况下，由于心智明显减弱而实施了犯罪行为的，法庭不得因其心智明显减弱而对其减轻处罚。

第二十五条　犯罪故意

行为人已经意识到自己的行为之性质，但却有意为之的，或者放任该行为发生的，为犯罪故意。

第二十六条　犯罪过失

行为人基于对某一行为性质的认识，其已经意识到其有可能实施犯罪行为，但却轻信该犯罪行为不会发生或者轻信其能够阻止该犯罪发生的，属于犯罪过失。另外，如果行为人未能意识到其有可能实施犯罪行为，但是依据当时的环境和行为人的特征，其本来应当认识到并且也能够认识到犯罪发生可能性的，也属于

① 在本法典译文中，凡出现类似本处的有括号的提示语，均系按照本法典原文之模样如实翻译，以下不再赘述。

犯罪过失。

第二十七条 更加严重的危害后果之刑事责任

如果犯罪行为造成了更加严重的危害后果，并且法律为此规定了更加严厉的刑罚，如果行为人对此更加严重的危害后果出于过失的心态以及行为人对此后果出于故意的心态而此后果并非其他犯罪的构成要件，则行为人有可能因此而承担更加严厉的刑事处罚。

第二十八条 事实错误

（一）如果某一行为之实施是因为事实错误的，则不是犯罪。

（二）如果行为人不需要避免或者不可能避免出现对某种特殊情节之错误认识，而该特殊情节是某一犯罪的法定构成要件的，或者如果具备该特殊情节，就会允许实施某一行为的，即会存在事实错误之情况。

（三）如果行为人是出于过失发生了认识错误而实施了某种行为，并且如果法律明确规定了该过失行为的刑事责任的，则其应对其行为负有刑法上的过失责任。

第二十九条 法律错误

（一）如果某一行为之实施是因为法律错误的，则不是犯罪。

（二）如果行为人不需要意识到或者不可能意识到其行为已经被法律所禁止的，即会存在法律错误之情况。

（三）如果行为人本应知道，但事实上并未知道其行为已被法律所明文禁止，并实施该行为的，则可以对其减轻处罚。

第二节　未完成之犯罪

第三十条　犯罪未遂

（一）行为人故意实施某种犯罪，但却未能将该犯罪实施完毕的为犯罪未遂。如果行为人所犯之罪依照法律可能会被宣告为五年监禁或更为严厉的惩罚，则对其犯罪未遂行为应当给予刑罚处罚；对于其他的犯罪未遂，仅在法律有明确规定之情况下才能予以处罚。

（二）对犯罪未遂，应当在按照犯罪既遂处罚，或者从宽进行处罚。

第三十一条　不能犯未遂

如果行为人在犯罪时，使用了不适当的犯罪工具，或者选择了不适当的犯罪对象，并因此而致使犯罪不可能达到既遂的，可以免予处罚。

第三十二条　犯罪中止

（一）行为人意图实施犯罪，但是出于自愿而放弃实施犯罪行为，或者防止犯罪后果出现的，可以免予处罚。

（二）如果行为人是因为外界环境对其实施犯罪行为产生阻碍或者实质性阻碍，或者行为人认为存在此种阻碍，并因此而未能完成犯罪的，则不能适用本条第一款之规定。

（三）教唆犯、帮助犯，出于自愿阻止犯罪行为之实施的，同样可以免于处罚。

（四）就本条第一款及第三款之情况而言，如果行为人的某些行为业已独立成罪的，则对该行为应给予刑事处罚。

第三节 共同犯罪

第三十三条 共同正犯

如果某些人共同实施某一犯罪行为的，或者基于过失而共同实施某一行为的，或者将某一共同谋议的犯罪决定付诸实施的，或者以其他方法故意对犯罪行为之实施提供实质性贡献的，则每个实施人都要因此而承受该种犯罪所对应之刑罚。

第三十四条 教唆犯

（一）故意教唆他人犯罪的，应以其所教唆之罪而给予刑事处罚。

（二）故意教唆他人犯罪未遂亦应受处罚的犯罪的，即使他人并未产生犯罪之意图，对教唆者也应当以该罪之未遂予以处罚。

第三十五条 帮助犯及无形帮助犯①

（一）故意帮助他人犯罪的，应以其所帮助之罪予以处罚，或者减轻处罚。

（二）下列行为应被特别认定为帮助犯：对于如何犯罪提供建议或者给予指示的；给犯罪人提供犯罪所需之工具的；排除犯罪实施之障碍的；以及事前许诺掩盖犯罪行为、包庇罪犯、隐藏

① 无形帮助犯是和教唆犯性质相近，但意义却又不尽相同的两个名词。前者可指协助、帮助某人为非作歹，但通常是指较轻的违法行为；但后者可以是教唆、唆使某人犯较严重的罪行，如煽动叛乱之类的严重罪行。另外，无形帮助犯是强化他人实行特定犯罪的决意，或者是提供建议使他人更容易地实行犯罪，而教唆犯是使没有犯罪决意的人实行特定犯罪的决意。换言之，是否是他人产生实行特定犯罪的决意，是教唆犯和无形帮助犯的基本区别。对于无形帮助犯之详细背景介绍，请参见张明楷：《外国刑法纲要》，清华大学出版社2006年版，第330页。

犯罪工具、消除犯罪痕迹、窝藏犯罪所得的。

第三十六条　从犯刑事责任及其处罚可能性之限制

（一）共同正犯在其犯罪故意或者犯罪过失之范围内承担相应之刑事责任，而教唆犯及帮助犯则在其犯罪故意范围内承担相应之刑事责任。

（二）在某一共同犯罪中，排除正犯刑事责任的原因（见本法第二十三条、第二十八条及第二十九条），并不能排除共同正犯、教唆犯以及帮助犯的刑事责任。

（三）对于正犯、共同正犯、教唆犯及帮助犯而言，法律所规定的个人关系、个性及犯罪情节等能够影响免除刑事责任、免予处罚、从宽处罚或从严处罚之个人特征，仅在正犯、共同正犯、教唆犯及帮助犯中存在上述量刑情节时方能予以考虑。

（四）并非在所有的教唆犯和帮助犯中都存在个人关系、个性及犯罪情节等犯罪必要构成要件。如果教唆犯和帮助犯不具有上述个人特征的，可以减轻处罚。

第四节　教唆未遂及帮助未遂之处罚

第三十七条　犯罪未遂和更轻之犯罪

（一）如果某一犯罪行为停留在犯罪未遂状态，则教唆犯及帮助犯也应承担犯罪未遂之责任。

（二）如果行为人实施了比教唆犯所教唆之罪或者帮助犯所帮助之罪更为轻缓的犯罪，并且该更为轻缓的犯罪能够被所教唆之罪或者帮助犯所帮助之罪所包容，则教唆犯和帮助犯也应当依照该更为轻缓的犯罪承担刑事责任。①

（三）如果教唆犯因为符合本法第三十四条第二款之规定而应承担更为严厉之刑罚，则其不应适用本条第二款之规定。

第五节　通过公共传媒所犯之罪的特殊条款

第三十八条　主编之刑事责任

（一）通过在报纸、期刊类出版物、广播电台、电视台或者新闻影片中发布信息的方式实施犯罪的，所发布信息之作者是该犯罪的正犯。

（二）作为本条第一款的例外，主编以及在信息发布时替代其行使职责之人，如果存在以下情况，则应当对通过报纸或期刊类出版物，或者通过广播电台、电视或通过新闻影片等方式所犯之罪承担相应之刑事责任：

1. 在法院对法定刑为五年或者五年以上监禁之犯罪首次开庭前的主听证会做出结论之前，仍然不知道谁是作者的；

2. 信息发布前未经作者同意的；

3. 在信息发布前，对于作者的起诉存在事实或法律上的障碍，并且该障碍仍然会持续下去的。

（三）主编以及在信息发布时替代其行使责任之人，如果确实不知道本条第二款第一项至第三项之情况的，不负刑事责任。

第三十九条　出版人、印刷人及制作人的刑事责任

当本法第三十八条所列之情况存在时，基于下列事由会产生

① 如教唆或者帮助正犯实施抢劫，但正犯却仅实施了比抢劫更为轻缓的盗窃。同时，由于抢劫罪可以包容盗窃罪之罪状，而对教唆犯或者帮助犯就应当以盗窃罪定罪处罚。

相应之刑事责任：

1. 出版人对通过非期刊类出版物所实施的犯罪承担刑事责任；如果没有出版人或对其起诉存在事实上或法律上的障碍的，则应当由对此知情的排字员或者印刷人承担刑事责任。

2. 制作人对通过唱片、磁带、影片、幻灯片、电报、录影和音频等方式或以相似的面向大范围群体之传播途径所实施的犯罪承担刑事责任。

3. 如果出版人、印刷人或制作人是法人或国家机构，则由负责出版、印刷或制作工作的相关责任人员承担刑事责任。

第四十条　第三十八条及第三十九条规定之适用

对于本法第三十八条及第三十九条所规定的人员，只有在依照本法刑事责任之一般性条款，其不构成其他犯罪而不负相应刑事责任之情况下，方可对其适用本法第三十八条及第三十九条所规定之刑事责任。

第四十一条　对信息来源之保护

就本法第三十八条及第三十九条所规定之人员而言，如果其未能向法庭或者其他有关主管机关揭露其所发布之信息的作者或者信息的来源，除非该信息之作者涉嫌应被判处五年或者五年以上监禁之犯罪，或者确有必要阻止该犯罪发生的，则本法第三十八条及第三十九条所规定之人员不应被视为有罪。

第四章　刑罚

第一节　刑罚之目的、种类及宣告刑罚之条件

第四十二条　刑罚之目的

和刑事制裁措施的根本目的（见本法第四条第二款）相一致，刑罚之目的应当是：

（一）使得犯罪人及时停止实施犯罪行为以及预防犯罪人重新犯罪及；

（二）威慑其他人不敢实施犯罪行为；

（三）表达社会对犯罪行为之谴责，增强道德力量以及强化公民遵纪守法的义务。

第四十三条　刑罚之种类

刑罚的种类包括：

1. 监禁；

2. 罚金；

3. 社区服务；

4. 吊销机动车驾驶执照。

第四十四条　主刑和附加刑

（一）监禁只能作为主刑而宣告。

（二）罚金、社区服务及吊销机动车驾驶执照即可以作为主刑宣告，也可以作为附加刑宣告。

（三）如果法律对某种犯罪设置了数种法定刑，则法庭只能选择其中一种作为主刑而宣告。

第四十五条　监禁

（一）监禁刑的刑期为三十天以上二十年以下。

（二）本条第一款中监禁刑的刑期应以整年整月为单位，如果刑期不超过六个月的，应以天为单位。

（三）作为本条第一款所规定的监禁刑刑期之例外，对于危害最为严重或者性质最为恶劣的犯罪，可以宣告三十年以上四十年以下的长期监禁。这种刑期应当以年为单位。

（四）不得对犯罪时不满二十一周岁的人适用刑期为三十年以上四十年以下的长期监禁。

（五）对于被宣告一年以下监禁的犯罪人，法庭可以决定让该犯罪人在其住所内服刑，刑事制裁措施执行法另有规定的除外。

（六）本条第五款所规定的在其住所中服刑的犯罪人，如果有一次擅自离开其住所的时间达到十二个小时的，则法庭应当决定让其在监狱中执行剩余之刑期。

（七）在决定适用本条第五款所规定的服刑方式时，法庭应当从技术角度特别考虑适用该服刑方式的可能性以及其他能够影响服刑的重要情况。

（八）本条第五款所规定的服刑方式，不适用于侵犯家庭及婚姻权利，并且和被害人在同一住所内居住的犯罪人。

第四十六条　假释

（一）当犯罪人已经在监狱中执行了三分之二的刑期，并且在监狱中服刑期间已经有弃恶从善之表现，有理由认为其在自由状态能够表现良好，并且在剩余刑期内不会重新犯罪的，法庭可以考虑对其适用假释。法庭在决定是否对犯罪人进行假释时，应当考虑其在服刑期间行为举止是否得体，其是否尽心尽力完成劳作以及对其适用刑罚之目的是否已然达到。犯罪人在服刑期间从监狱中脱逃的，或者试图从监狱中脱逃的，不适用假释。

（二）法庭在做出假释决定时可以明确规定犯罪人在假释期间所必须履行的某种法定义务。

（三）就本条第一款之情况而言，如果假释未被撤销，则应当视为犯罪人已经将其刑期执行完毕。

第四十七条 撤销假释

（一）如果犯罪人在假释期间内，犯有一个或一个以上的应判处六个月以上监禁的犯罪的，则法庭应当对其撤销假释。

（二）如果犯罪人在假释期间内，犯有一个或一个以上的应判处六个月以下监禁的犯罪的，或者未能履行本法第四十六条第二款中的法庭所规定的义务的，则法庭可以对其撤销假释。在决定是否撤销假释时，法庭应当特别考虑犯罪人在假释期间所犯之罪和前罪之间是否有所关联，犯罪动机以及其他能够证明撤销假释具有正当性的情况。

（三）本条第一款及第二款之规定，也适用于犯罪人因为在假释之前曾经犯罪而在假释期间接受审判的情况。

（四）当法庭撤销假释时，应当宣布适用本法第六十条及第六十二条第二款的规定，并且应当认可先前对犯罪人所宣告的刑罚。犯罪人先前已执行的刑罚应当予以折抵刑期，而在假释中所度过之时间则不计入刑期。

（五）如果犯罪人在假释期间犯有应判处六个月以下监禁的犯罪，但法庭并未对其撤销假释，则法庭应当将被假释者先前所执行的监禁的时间加入假释期，从而对假释期限进行扩展。

（六）就本条第一款至第三款之情况而言，自假释期限届满之日起超过两年的，不得撤销假释。

第四十八条　罚金的一般规定

（一）罚金即可以采取日额罚金的形式（见本法第四十九条），也可以采取特定金额的形式（见本法第五十条）予以确定并宣告。

（二）对于以牟取利益型犯罪而言，即便法律对该罪没有设置罚金刑，或者在法律规定对犯罪人仅能适用罚金刑或监禁刑之一，而法庭宣告监禁刑为主刑的情况下，法庭也可以将罚金刑作为附加刑宣告。

第四十九条　日额罚金

（一）法庭裁决可以确定单个日额罚金的具体金额以及其日额罚金的天数。最终确定的罚金总数额应当是，单个日额罚金的具体金额乘以日额罚金的天数。

（二）就日额罚金的天数而言，其数量应当在十天以上三百六十天以下。法庭在确定某个犯罪的日额罚金的数量时，应当遵循量刑的一般规则。（见本法第五十四条）

（三）单个日额罚金的具体金额应当是在前一年度中，犯罪人的收入减去支出后的净收益除以每一年的天数所得到的金额。但同时，单个日额罚金的具体金额不能低于五百第纳尔且不能高于五万第纳尔。①

（四）在确定日额罚金的数额时，法庭可以要求从银行或者其他金融机构、政府部门或者法人中获取相关信息，而上述单位有义务向法庭提供其所需之信息，而不得以所谓的保护商业秘密

① 第纳尔是塞尔维亚的法定货币单位。

或者其他秘密为理由予以拒绝。

（五）如果法庭无法获得关于犯罪人收入与支出的准确信息，或者犯罪人没有任何收入但拥有一定的财产或者物质利益，则法庭应当在已有信息的基础上，大致估算出单个日额罚金的具体金额。而此种情况下，日额罚金的天数之确定应当遵循以下标准：

1. 犯应被判处三个月以下监禁之罪的，应在六十天以下；

2. 犯应被判处六个月以下监禁之罪的，应在三十天以上一百二十天以下；

3. 犯应被判处一年以下监禁之罪的，应在六十天以上一百八十天以下；

4. 犯应被判处二年以下监禁之罪的，应在一百二十天以上二百四十天以下；

5. 犯应被判处三年以下监禁之罪的，至少应当在一百八十天以上；

6. 在罚金被设置为唯一的刑罚时，其天数应当在该犯罪所规定的罚金刑范围之内。

第五十条　特定金额的罚金

（一）如果法庭无法依照本法第四十九条第五款之规定大致估算出单个日额罚金的具体金额的，或者收集该信息会明显拖延刑事诉讼的时间的，法庭应当在罚金刑的法定上限及下限的范围之内，宣告一个特定金额的罚金。

（二）特定金额罚金不得少于一万第纳尔，也不得超过一百万第纳尔。就牟取利益型犯罪而言，特定金额罚金不得超过一千万第纳尔。

（三）罚金作为主刑宣告时应当遵循以下标准：

1. 犯应被判处三个月以下监禁之罪的，应在十万第纳尔以下；

2. 犯应被判处六个月以下监禁之罪的，应在二万第纳尔以上二十万第纳尔以下；

3. 犯应被判处一年以下监禁之罪的，应在三万第纳尔以上三十万第纳尔以下；

4. 犯应被判处二年以下监禁之罪的，应在五万第纳尔以上五十万第纳尔以下；

5. 犯应被判处三年以下监禁之罪的，至少应当在十万第纳尔以上；

6. 在罚金被设置为唯一的刑罚时，其金额应当在该犯罪所规定的罚金刑范围之内。

第五十一条　罚金的执行

（一）判决中应当指明缴纳罚金的最后期限，该期限应当不少于十五天，且不超过三个月。然而，在某些具体案件中，法院可以允许犯罪人以分期付款方式缴纳罚金，以此种方式缴纳罚金的最长期限不得超过一年。

（二）如果犯罪人未能在指定期限内缴纳罚金，法院可以适用一定期限的监禁刑代替罚金，每一千第纳尔折换成一天监禁，前提是折换后的监禁刑刑期不得超过六个月。但如果犯罪人被判处的罚金超过七十万第纳尔的，折换后的监禁刑刑期则不得超过一年。

（三）如果犯罪人仅缴纳了部分罚金的，法庭应当将剩余的罚金按比例折换成一定期限的监禁刑。如果犯罪人缴纳了剩余之罚金的，监禁则随之终止。

（四）法庭也可以用社区服务代替剩余的罚金，每一千第纳尔折换成八个小时的社区服务，前提是折换后的社区服务的期限不能超过三百六十小时。

（五）犯罪人死亡的，罚金不应执行。

第五十二条 社区服务

（一）对于应判处三年以下监禁或者罚金的犯罪，可以适用社区服务之刑罚措施。

（二）社区服务是一种有益于社会的劳作，并不损害犯罪人人格尊严，犯罪人也不能从中获取利益。

（三）社区服务的执行时间应当在六十小时以上三百六十小时以下。社区服务之刑罚措施在每个月应当执行六十个小时，其执行期限应当在一个月以上六个月以下。

（四）法庭在决定判处社区服务这一刑罚措施时，应当充分考虑刑罚之目的、犯罪之类型、犯罪人之性格特征以及犯罪人是否愿意接受社区服务。未经犯罪人之同意，法庭不能对其判处社区服务。

（五）如果犯罪人仅执行了一部分社区服务，则法庭应当用监禁刑替换剩余的社区服务，每八个小时的社区服务折换成一天的监禁。

（六）如果犯罪人充分履行了其在社区服务中的义务，则法庭可以将社区服务的时间减轻四分之一。

第五十三 吊销机动车驾驶执照

（一）如果犯罪人在实施犯罪或者在预备实施犯罪时使用机动车的，则法庭可以判决吊销其机动车驾驶执照。

（二）法庭在做出吊销机动车驾驶执照的判决时，应当确定吊销机动车驾驶执照的具体期限，该期限应当在一年以上三年以下，从判决生效之日起开始计算，犯罪人在监狱中服刑的时间不应包含在内。

（三）吊销机动车驾驶执照的刑罚可以作为附加刑，同监禁刑或者罚金刑一起适用，也可以作为主刑适用于应判处二年以下监禁或罚金的犯罪。吊销机动车驾驶执照之刑罚，不能和禁止驾驶机动车辆的保安处分措施一起适用。

（四）如果犯罪人在其机动车驾驶执照吊销期间驾驶机动车的，法庭应当用一定刑期的监禁刑代替吊销机动车驾驶执照之刑罚，每一年的吊销机动车驾驶执照的期限折换成一个月的监禁。

第二节　量刑

第五十四条　量刑的一般规则

（一）法庭应当依据刑罚之目的，在法律所规定的范围之内对犯罪人裁量刑罚，并且要考虑所有影响从轻或从重，减轻或加重适用刑罚之情节，并且尤其要考虑犯罪人刑事责任之轻重、犯罪之动机、对法益所造成之损害大小、犯罪环境、被害人过错、犯罪人犯罪前之生活状况、其个人情况、其犯罪后的表现以及其他影响到犯罪人性格形成的有关情节。

（二）在决定特定数额罚金的具体金额时（见本法第五十条），法庭应当特别考虑到犯罪人的经济状况。

（三）在量刑时，作为犯罪某一构成要件的犯罪情节不能作为加重处罚或者减轻处罚情节而予以考虑，除非该情节已经超出了成立犯罪或者犯罪的某一特殊形态所必须的程度，或者存在两个或两个以上的此种情节，但仅有一个这样的情节就足以确定对该犯罪能够适用加重处罚或减轻处罚。

第五十五条 再犯

如果行为人曾经因为犯罪而服刑完毕，或者被赦免、或者超过时效、或者免予处罚、或者已经超过撤销假释或司法训诫的法定期限而又再次犯罪，法庭在对其再犯之罪进行量刑时，应当将上述情况作为加重处罚情节对待。同时，法庭在量刑时还应当特别考虑其先前所犯之罪的严重性、前后之罪是否属于同一种类、前后之罪是否出于相同之动机、犯先前之罪的犯罪环境以及行为人因先前所犯之罪而被定罪量刑、被赦免、或者超过时效、或者免予处罚，或者已经超过撤销假释或司法训诫的法定期限之后，经过多长时间又犯新罪。

第五十六条 减轻处罚

法庭应当在法律所规定之范围内对犯罪人裁量刑罚，或者根据下列情况减轻处罚：

（一）当法律有规定可以对犯罪人减轻处罚的；

（二）法律有免予处罚之规定，但法庭决定不适用免予处罚措施的；

（三）法庭认为，存在某种减轻处罚情节，并且由该情节可以推断出，通过对犯罪人减轻处罚有助于实现刑罚之目的的。

第五十七条 减轻处罚的限制

（一）当本法第五十六条所规定的减轻处罚条件存在时，法院应当在以下限度内进行减刑：

1. 如果犯罪的最低法定刑为十年或十年以上监禁的，则可减至七年监禁；

2. 如果犯罪的最低法定刑为五年监禁的，则可减至三年监禁；

3. 如果犯罪的最低法定刑为三年监禁的，则可以减至一年监禁；

4. 如果犯罪的最低法定刑为二年监禁的，则可减至六个月监禁；

5. 如果犯罪的最低法定刑为一年监禁的，则可减至三个月监禁；

6. 如果犯罪的最低法定刑为一年以下监禁的，则可减至三十天监禁；

7. 如果某种犯罪没有设置最低法定刑的，则可以用罚金或者社区服务代替监禁；

8. 如果某种犯罪的法定刑为罚金，并且有最低法定罚金数额的，则该罚金刑可以减至十个日额罚金或者一万第纳尔。

（二）作为本条第一款的例外，法庭不得对触犯本法第一百三十四条第二款及第三款、第一百七十八条、第一百七十九条、第一百八十条、第二百一十四条第二款及第三款、第二百四十六条第一款及第三款、第三百五十条第三款及第四款以及第三百八十八条之罪的犯罪人在法定刑以下适用刑罚或者减轻处罚。

（三）作为本条第一款的例外，如果犯罪人先前曾犯有同样的犯罪，则法庭不得对其减轻处罚。

（四）如果法庭有权力裁定免予处罚，法庭在做出减刑裁决时，可以不受本条第一款至第三款所规定的减轻处罚的限制。

第五十八条　免予处罚

（一）仅当法律有明确规定时，法庭才可对犯罪人免予处罚

（二）就过失犯罪人而言，如果犯罪之后果对其打击尤甚，并且对其宣告刑罚与刑罚之目的相抵牾时，则法庭可以对该过失犯罪人免予处罚。

（三）就应当被判处五年以下监禁或罚金的犯罪而言，如果

犯罪人在犯罪之后，在知晓其犯罪行为被察觉之前，消除了犯罪之危害后果，或者补偿了被害人相关损失的，法庭也可以对其免予处罚。

第五十九条　犯罪人和被害人之间的和解

就应当被判处三年以下监禁或罚金的犯罪而言，如果犯罪人已经完全履行了其同被害人所达成和解协议中所规定的全部义务的，则法庭可以对其免予处罚。

第六十条　合并审判之数罪的刑罚裁量

（一）如果犯罪人之某行为或数行为构成数罪，在对数罪同时审判时，法庭应当首先确定每种犯罪之刑罚，然后对所有犯罪宣告单一刑罚。

（二）法庭在宣判单一刑罚时，应当遵照以下规则：

1. 如果数罪中有一罪被确定适用四十年监禁的，则应对犯罪人仅宣告四十年监禁；

2. 如果数罪均被确定适用有期监禁，则对犯罪人最终宣告之监禁刑期应在数个刑期的总和以下，数罪中最高刑期以上，但不得超过二十年之上限；

3. 如果数罪均被确定适用三年以下监禁，则对犯罪人最终宣告之监禁刑期不得超过十年。

4. 如果数罪均被确定适用罚金刑，则法庭应当宣告一个单独的罚金刑，其数额应当是所有的罚金刑的总和，但其数额不得超过一千八百万第纳尔。当法庭决定宣告一个特定数额的罚金时（见第五十条），该罚金数额不得超过一百万。如果为牟取利益而实施一个或者一个以上的犯罪的，则不得超过一千万第纳尔。

5. 如果数罪均被确定适用社区服务时，法庭应当宣告一个单独的社区服务，但总时间不得超过三百六十个小时，其执行期间不得超过六个月。

6. 如果数罪中既有被确定适用监禁刑又有被确定适用罚金刑的，法院应当根据本条第二款、第三款及第四款之规定，对犯罪人宣告一个监禁刑和一个罚金刑。

（三）如果在数罪中有一罪设有罚金刑时以及法庭决定适用一个以上的罚金刑，并且按照本条第二款第四项宣告了单独一个的罚金刑的，法庭应当将罚金刑作为附加刑适用。如果法庭决定将一个罚金刑作为某一犯罪的主刑，而将另一罚金刑作为另外一罪的附加刑，法庭应当适用本条第二款第四项之规则，对犯罪人宣告单一的罚金刑。

（四）当法庭决定对数罪同时适用监禁和青少年监禁时，法庭应当适用本条第二款第二项之规则，对犯罪人宣告单一的监禁刑。

第六十一条　连续犯

（一）连续犯由若干个相同的犯罪或者同一种类的犯罪而构成，连续犯由相同的犯罪人在紧密相连的时间段内实施。由于连续犯之成立至少必须符合下列两个条件，故此可以将上述数个犯罪行为视为一个整体犯罪行为来对待，即相同的被害人、相同类型的犯罪对象、利用相同的地位或者关系、在相同的场所、空间或者以相同的意图而实施犯罪。

（二）就针对公民个人的犯罪而言，只有当犯罪人针对同一公民实施犯罪时，才有可能成立连续犯。

（三）如果某些犯罪，就它们的本性而言，不可能被视为一个整体犯罪的，则不能成立连续犯。

（四）如果连续犯由较为严重或者较为轻微的犯罪而构成，法庭应当在数罪中最重之罪的法定刑范围之内决定对犯罪人适用刑罚。

（五）如果连续犯由某种以一定数额的金钱作为必备要件的犯罪而构成，当行为人基于同种意图而实施的数个行为中所累积金额已经达到这一法定数额时，法庭应当对行为人定罪。

（六）如果某一犯罪在法庭最终判决中没有被包括在连续犯之内的，但是随后该犯罪又被查获，则应当将其作为一个单独的犯罪予以处理。

（七）就本条第一款之犯罪而言，法庭可以在法定刑之上对犯罪人实施更加严厉之刑罚。但是该刑罚不得超过法定刑的两倍，亦不得超过二十年监禁。

（八）作为本条第七款之例外，如果本条第一款之犯罪的法定刑为三十年以上四十年以下监禁，则加重处罚后的刑罚不得超过四十年监禁。

第六十二条　对已经判刑之人的刑罚裁量

（一）如果已被判刑的犯罪人在执行先前判决所确定的刑罚之前犯罪的，或者其在执行监禁刑或青少年监禁期间又犯新罪的，法庭应当认可先前判决所宣告之刑罚，并依照本法第六十条之规定，对其全部所犯之罪确定单一之刑罚。犯罪人先前已经执行的全部或部分刑期，应当在新判决所确定的刑期中予以折抵。

（二）对于在执行监禁或青少年监禁执行期间又犯新罪的，如果适用本法第六十条之规定无法实现刑罚之目的时，法庭应当在考虑犯罪人尚未执行的刑期的基础上，对其做出新的判决，而先前判决所确定之刑罚不再执行。

（三）犯罪人在监禁或青少年监禁执行期间又犯法定刑为罚金或一年以下监禁之新罪的，应到受到惩戒性惩罚。

第六十三条　审前羁押和先前处罚的折抵

（一）法庭在对犯罪人做出监禁、罚金或者社区服务的宣告时，应当将犯罪人在审判前所被羁押的时间以及与犯罪有关的每次逮捕所被羁押的时间，进行相应折抵。

（二）如果犯罪人所犯之数罪的追诉在同一刑事诉讼程序中被提起，并且法庭并未对所有被追诉之罪都裁定实施羁押措施，法庭在对该犯罪人做出监禁、罚金或者社区服务的宣告时，应当将犯罪人在审前羁押的时间进行相应折抵。

（三）当犯罪人的犯罪行为同时也符合违警行为、商业违法、侵犯军事纪律行为的构成要件时，犯罪人因为违警行为、商业违法而已经被羁押的时间或者已经支付的罚金，或因侵犯军事纪律行为而被羁押的时间，在对该犯罪人确定刑罚时，应当予以相应折抵。

（四）在每次折抵中，审前羁押或逮捕一天、监禁一天、八个小时的社区服务以及一千第纳尔，应视为等同。

第五章　告诫措施

第一节　缓刑和司法训诫

第六十四条　缓刑和司法训诫之目的

告诫措施包括缓刑和司法训诫。

第六十五条　告诫措施之目的

和刑事制裁措施的根本目的（本法第四条第二款）相一致，缓刑和司法训诫的目的在于，对于罪行相对轻微之犯罪人而言，如果在对犯罪人仅采取威胁适用刑罚的告诫（缓刑）或者仅采取警告（司法训诫）就能有效威慑犯罪人实施新的犯罪的，则不必对其施加刑罚。

第六十五条 - a　缓刑

（一）在做出缓刑决定时，法庭应当同时宣告，如果犯罪人在法庭所确定的期限内不再重新犯罪的，则其所判刑罚不必实际执行。该期限应在一年以上五年以下（缓刑考验期）。

（二）在做出缓刑决定时，法庭应当同时宣告，如果犯罪人在法庭所确定的考验期内没有返还犯罪收益的，或没有赔偿犯罪所造成之损失的，或没有履行其他刑法所规定之相关义务的，则应当对其执行所判刑罚。法庭应当在缓刑考验期的范围之内确定犯罪人履行义务的时间表。

（三）法庭在宣告缓刑时，如果同时宣告有保安处分措施的，则该保安处分措施应予执行。

第六十六条　宣告缓刑的条件

（一）法庭可以对被判处两年以下监禁的犯罪人宣告适用缓刑。

（二）法庭不得对法定刑为十年或者十年以上监禁的犯罪人适用缓刑。[①]

（三）自某一故意预谋犯罪的最终判决生效之日起，超过五年的，则不得对该犯罪人适用缓刑。

---

① 这就意味着即便犯罪人因为具备某种减轻处罚情节而被判处 2 年以下监禁的，仍然不得被适用缓刑。

（四）当决定是否对犯罪人宣告缓刑以及衡量对其适用缓刑之目的时，法庭应当特别考虑犯罪人的性格、犯罪前一贯表现、犯罪后表现、刑事责任的程度以及其他犯罪情节。

（五）如果犯罪人被同时判处监禁和罚金，法庭仅能对监禁宣告缓刑。

第六十七条　因犯新罪而撤销缓刑

（一）犯罪人在缓刑考验期间犯一罪或一个以上之罪，并因此而被判处两年或两年以上监禁的，法庭应当对其撤销缓刑。

（二）犯罪人在缓刑考验期间犯一罪或一个以上之罪，并因此而被判处两年以下监禁或罚金的，在评价犯罪和犯罪人所有相关情况，特别是前罪与后罪是否属于同种犯罪、犯罪轻重以及犯罪动机之后，法庭应当决定是否对其撤销缓刑。法庭在做出是否撤销缓刑之决定时，应当严格遵循不得适用缓刑方面的禁令，即无论是犯罪人犯有被判处两年以上监禁之罪的，还是在缓刑考验期内重新犯被判处两年以上监禁之罪的，法庭均不得对其适用缓刑（见第六十六条第一款）。

（三）如果决定撤销缓刑，依照本法第六十条之规定，法庭应当首先认可先前所宣告之刑罚，并且对犯罪人先前所犯之罪与新犯之罪宣告单一刑罚。

（四）如果决定不撤销缓刑，法庭可以对新罪宣告缓刑或做出其他处罚。如果新犯之罪被判处监禁，该监禁刑所执行的刑期，不能折抵先前所判缓刑的犯罪之刑期。

（五）如果法庭认为应当对新罪宣告缓刑时，依照本法第六十条之规定，法庭应当对先前之罪与新犯之罪宣告单一的刑罚，并且决定新的缓刑考验期，该考验期应在一年以上五年以下，从新判决生效之日起开始计算。如果犯罪人在缓刑考验期内再次犯罪的，法庭应当适用本条第三款之规定，撤销缓刑而执行监禁刑。

第六十八条 因漏罪而撤销缓刑

（一）法庭在做出缓刑宣告之后，才发现犯罪人先前所犯之漏罪，且法庭认为如果当时知道有此漏罪之存在则不会宣告缓刑时，则法庭应当撤销缓刑。在此种情况下，法庭应当适用本法第六十七条第三款之规定。

（二）如果法庭认为不应当撤销缓刑，则其应当适用本法第六十七第四款之规定。

第六十九条 因不履行特定义务而撤销缓刑

如果法庭在宣告缓刑时，同时规定了犯罪人应当履行本法第六十五条第二款所规定之特定义务，并且如果犯罪人在判决确定的期限内没有履行该义务的，则法庭可以在缓刑的考验期内延长犯罪人履行义务的期限，或者撤销缓刑而执行原判刑罚。如果法庭认为犯罪人有正当理由而确实无法履行该义务时，法庭应当免除其义务之履行，或用法律所规定的，较为合适的其他义务代替该义务。

第七十条 撤销缓刑的时间限制

（一）法庭可以在考验期内撤销缓刑。如果犯罪人在缓刑考验期内犯有应当被撤销缓刑之罪，且该犯罪在缓刑考验期刚结束之后才被察觉并被相关判决所认定，则法庭应当最迟在缓刑考验期届满之日起一年以内做出缓刑撤销决定。

（二）如果犯罪人在确定的期限内，没有履行本法第六十五条第二款所规定之相关义务的，法庭应当最迟在缓刑考验期届满之日起一年内做出执行原判刑罚的决定。

（三）犯罪人在被执行缓刑判决之前犯有漏罪，并且基于该漏罪之性质不应对犯罪人适用缓刑的，如果该漏罪是在缓刑考验期刚结束之后才被察觉并被相关判决所认定，则法庭应当最迟在缓刑考验期届满之日起一年以内做出缓刑撤销决定。

第七十一条　附保护性监管措施的缓刑

（一）法庭可以裁定对执行缓刑的犯罪人适用保护性监管措施。

（二）保护性监管措施包括帮助、护理以及由法律规定的其他保护性措施。

（三）如果法庭发现适用保护性监管措施之目的已经实现了，法庭可以决定在保护性监管措施的适用期限届满之前，停止适用保护性监管措施。

（四）如果适用保护性监管措施的犯罪人未能履行法庭所指定的义务，法庭应当警告该犯罪人，或者用其他义务替代先前的义务，或者扩展保护性监管措施的适用期限，或者撤销缓刑。

第七十二条　适用保护性监管措施的条件

（一）在宣告缓刑时，法庭通过对影响犯罪人性格的各种情况以及其生活环境的考察，法庭有正当理由相信，借助保护性监管措施能够促使缓刑目的得以实现时，法庭应当决定对犯罪人适用保护性监管措施。

（二）法庭应当在适用缓刑的判决中同时宣告适用保护性监管措施，并且决定保护性监管措施的具体内容、实施期限以及具体方式。

第七十三条　保护性监管措施的内容

保护性监管措施包括让被适用缓刑的犯罪人履行以下一种或更多种义务：

1. 在相关主管机关所指定的时间内，向该机关报告保护性监管措施的执行情况；

2. 进行特定的职业培训；

3. 从事与其能力与爱好相适应的工作；

4. 履行供养家庭、养育儿童和其他家庭义务；

5. 禁止进入可能会产生犯罪机会或者诱发再次犯罪的场所和地方，避免参与可能会产生犯罪机会或者诱发再次犯罪的活动；

6. 及时向有关主管机关通报住所、工作地点的变更情况；

7. 禁止饮用酒精制品、服用麻醉品；

8. 在专门机构接受适当的药物治疗；

9. 参加特定的职业或者其他咨询组织或者协会，并接受上述组织或者协会的指导；

10. 消除或者减轻由犯罪活动所造成的危害结果，特别是同被害人进行刑事和解。

第七十四条　保护性监管措施的选择

法庭在选择本法第七十三条所规定的犯罪人所应承担的保护性监管措施的义务时，应当首先考虑犯罪人的年龄、其健康状况、生性爱好、习惯、犯罪动机、犯罪后的表现、犯罪前的表现、个性和家庭情况、履行相关义务的能力以及其他与犯罪人性格有关的对法庭选择保护性监管措施的种类及其期限等有重要影响意义之情况。

第七十五条　保护性监管措施的期限

（一）保护性监管措施的适用期限不得超过缓刑的考验期限。

（二）缓刑一旦撤销，则保护性监管措施也应随之撤销。

（三）在保护性监管措施适用期限之内，为了达到预期效果，法庭可以取消某一特定义务，或者将其换成其他义务。

（四）如果在保护性监管措施执行期间，法庭认为保护性监管措施的实施目的已经实现，则法庭可以在该保护性监管措施的期限届满之前，停止其适用。

第七十六条　未能履行保护性监管义务的结果

如果被适用保护性监管措施的犯罪人未能履行法庭所指定的义务，法庭可以责令其履行法定义务，亦可采取其他义务代替该义务。法庭还可在缓刑考验期内适当延长保护性监管措施的时间，或者撤销缓刑。

第七十七条　司法训诫

（一）对于法定刑为罚金或一年以下监禁的犯罪而言，如果具备某种减轻情节从而可以对犯罪人从宽处罚，则法庭可以对犯罪人宣告司法训诫。

（二）对于某种特定犯罪而言，如果其法定刑为三年以下监禁，并且具备法律所规定的某些特殊情节，法庭也可对犯罪人宣告司法训诫。

（三）行为人同时犯有数罪，如果数罪中的任一犯罪具备本条第一款及第二款所规定的情节时，则法庭可以对犯罪人宣告司法训诫。

（四）在决定是否宣告法庭训诫时，法庭应当考虑法庭训诫之目的，并且应当特别考虑犯罪人的性格、其犯罪前的情况、犯罪后的表现、刑事责任的程度及其他犯罪情节。

（五）如果某一武装组织实施了针对塞尔维亚共和国军队的犯罪行为，则法庭不得对该武装组织的成员适用司法训诫。

第六章 保安处分

第七十八条 保安处分的目的

和刑事制裁措施的根本目的相一致，保安处分之目的在于消除能够引发犯罪人日后再次犯罪的环境或条件。

第七十九条 保安处分的种类

（一）对犯罪人可以适用以下保安处分：

1. 在健康机构中接受强制心理治疗和监护；

2. 在自由状态中接受强制心理治疗；

3. 对麻醉品成瘾的强制治疗；

4. 对酒精成瘾的强制治疗；

5. 禁止从事某种职业、进行某种活动或担任某种职务；

6. 禁止驾驶机动车；

7. 对物没收；

8. 对外国人适用的驱逐出境；

9. 发布法庭裁决；

10. 禁止与被害人聚会或者联系。

（二）在本法所规定的某种情况下，如果某一心智丧失的精神病人实施了某种危害行为，而如果正常人实施该种危害行为则属于法律所规定的犯罪行为的，法庭可以对该精神病人适用某种保安处分措施（本法第八十条第二款）。

第八十条　裁定适用保安处分

（一）当本法所规定的适用保安处分的条件存在时，法庭可以对犯罪人裁定适用一个或一个以上的保安处分。

（二）在健康机构中接受强制心理治疗和监护以及在自由状态中接受强制心理治疗的保安处分适用于心智丧失的犯罪人，法庭应该单独裁定其适用。在裁定适用上述保安处分时，法庭可以暂时禁止犯罪人从事某种职业、进行某种活动或担任某种职务以及禁止其驾驶机动车。

（三）如果法庭对某一心智明显减弱的犯罪人宣告刑罚或者缓刑，法庭也可以裁定对其适用本条第二款中的保安处分措施。

（四）如果法庭对某一犯罪人宣告刑罚、缓刑、司法训诫或者免予处罚，法庭也可以裁定对其适用对麻醉品成瘾的强制治疗、对酒精成瘾的强制治疗、禁止从事某种职业、进行某种活动或担任某种职务、禁止驾驶机动车、对物没收、发布法庭裁决等保安处分措施。

（五）如果法庭对某一外国人宣告刑罚或者缓刑，法庭也可以裁定对其适用驱逐出境的保安处分措施。

（六）如果法庭对某一犯罪人宣告罚金、社区服务、禁止驾驶机动车、缓刑以及司法训诫，法庭也可以裁定对其适用禁止与被害人聚会或者联系的保安处分措施。

（七）如果法庭对数罪中的一罪宣告了保安处分，则法庭应当裁定适用该保安处分措施。

第八十一条　在健康机构中接受强制心理治疗与监护

（一）行为人在心智明显减弱时实施了犯罪行为，并且从行为人所实施的犯罪行为以及其心智明显减弱的状况来看，行为人有可能实施更为严重的犯罪行为。如果法庭认为有必要将行为人移送至健康机构中予以监护并接受治疗从而消除这种危险，法庭应当裁定对其适用在健康机构接受强制心理治疗与监护的保安处分措施。

（二）如果某一心智丧失的精神病人实施了某种危害行为，而如果正常人实施该种危害行为则属于法律所规定的犯罪行为，当具备本条第一款之情况时，法庭应当裁定对其适用在健康机构接受强制心理治疗与监护的保安处分措施。

（三）当行为人在健康机构接受强制心理治疗与监护的必要性消除之后，法庭应当停止执行本条第一款及第二款中的保安处分措施。

（四）如果法庭在裁定对行为人适用本条第一款中的保安处分措施的同时，还裁定对其适用一定期限的监禁刑，则该保安处分措施在裁定所确定的期限届满之后仍然可以适用。

（五）行为人在心智明显减弱时实施了犯罪行为，并因此而被判处监禁的，其在健康机构中接受治疗的时间应当被计算入刑期。如果这段时间少于其所被宣告之刑期，法庭可以决定将犯罪人送往监狱执行完剩余刑期，也可以对其适用假释。在做出假释决定时，除了应当满足本法第四十六条所规定的条件之外，法庭应当特别考虑犯罪人心理治疗的效果，其在健康机构所度过的时间以及其剩余刑期之长短。

第八十二条　在自由状态中的强制心理治疗

（一）如果某一心智丧失的精神病人实施了某种危害行为，而如果正常人实施该种危害行为则属于法律所规定的犯罪行为，当法庭认为，由于这种心智丧失状态会导致该精神病人重新实施该种危害行为，而在自由状态中接受治疗能够使消除这种危险的，法庭应当对其宣告在自由状态接受强制治疗。

（二）对于心智丧失的精神病人，法庭在决定让其在健康机构中接受强制心理治疗与监护时，如果基于治疗效果，法庭发现不必让其在健康机构中处于监护状态接受治疗时，法庭应该适用本条第一款之规定，让其在自由状态下接受治疗。

（三）如果某一心智明显减弱的犯罪人由于本法第八十一条第五款之规定而被适用假释，当具备本条第一款之情况时，法庭应当裁定对其适用在自由状态中接受强制心理治疗。

（四）如果确有必要接受更有疗效的治疗，在自由状态中的接受强制心理治疗的犯罪人可以定期前往某一特定的健康机构，但在健康机构中接受连续治疗的时间不得超过十五天，而累计时间不得超过两个月。

（五）在自由状态的强制心理治疗的期限应当视治疗之具体需要而定，但不得超过三年。

（六）如果本条第一款、第二款及第三款中之人员，在自由状态中不愿接受治疗的，或出于自愿而放弃治疗的，或者尽管在自由状态接受了治疗，但其又有可能重新实施危害行为，因此有必要让其在某一合适的健康机构中接受强制心理治疗的，法庭可以裁定对其适用健康机构中接受强制心理治疗与监护的保安处分措施。

第八十三条　对麻醉品成瘾的强制治疗

（一）犯罪人如果因为麻醉品成瘾而实施了犯罪行为，并因此而仍然会有再次实施犯罪之严重危险的，法庭可以裁定对其适用对麻醉品成瘾的强制治疗。

（二）本条第一款规定的强制治疗措施既可以在刑罚执行机构中实施，也可以在健康机构或其他专门机构中实施。其期限应当视治疗之具体需要而定，但不得超过三年。

（三）如果法庭在裁定对犯罪人适用本条第一款中的保安处分措施的同时，还裁定对其适用一定期限的监禁刑，则该保安处分措施在裁定所确定的期限届满之后仍然可以适用，但其最终期限不得超过三年。

（四）因治疗而在上述机构度过的时间应当折抵刑期。

（五）如果法庭在裁定对犯罪人适用本条第一款中的保安处分措施的同时，还裁定对其适用罚金、缓刑、司法训诫或者免予处罚，则法庭应当让其在自由状态中对其进行治疗，但其最终期限不得超过三年。

（六）如果犯罪人没有正当理由，在自由状态中不愿接受该种治疗，或者出于自愿而放弃治疗的，法庭可以裁定让其在某一合适的健康机构或其他专门机构中接受强制治疗。

第八十四条　对酒精成瘾的强制治疗

（一）犯罪人如果因为酒精成瘾而实施了犯罪行为，并因此而仍然会有再次实施犯罪之严重危险的，法庭可以裁定对其适用对酒精成瘾的强制治疗。

（二）本条第一款规定的强制治疗措施既可以在刑罚执行机构中实施，也可以在健康机构或其他专门机构中实施。其期限应当视强制治疗之具体需要而定，但不得超过犯罪人所被判处之刑期。

（三）因治疗而在上述机构度过的时间应当折抵刑期。

（四）如果法庭在裁定对犯罪人适用本条第一款中的保安处分措施的同时，还裁定对其适用罚金、缓刑、司法训诫或者免予处罚，则法庭应当让其在自由状态中对其进行治疗，但其最终期限不得超过二年。

（五）如果犯罪人没有正当理由，在自由状态中不愿接受该种治疗，或者出于自愿而放弃治疗的，法庭可以裁定让其在某一合适的健康机构或其他专门机构中接受强制治疗。

第八十五条　禁止从事某种职业、进行某种活动或担任某种职务

（一）如果法庭有充分理由相信，假如继续让犯罪人从事某种职业，进行某种活动，或者担任全部或者某种与支配、使用、管理或者处置他人财产或者保管该财产有关的职务，其仍然有可能因为滥用职权而重新犯罪的，法庭应当裁定禁止让其继续承担相同之角色。

（二）本条第一款中的禁止从事某种职业、进行某种活动或担任某种职务的期限应在一年以上十年以下，从最终判决生效之日起开始计算。但是，犯罪人在监狱中服刑的时间或者在健康机构中度过的时间不能计算在内。

（三）当犯罪人在缓刑期间，违反禁止从事某种职业、进行某种活动或担任某种职务的相关禁令时，法庭应当撤销缓刑。

第八十六条　禁止驾驶机动车

（一）对于危及公共交通安全的犯罪人而言，法庭可以禁止其驾驶机动车。

（二）当依照本条第一款之规定做出相应判决时，法庭应当明确指出被禁止驾驶的机动车的车型及类别。

（三）如果从犯罪行为的严重性、犯罪行为实施的环境，或者犯罪人曾经违反过交通规章的相关情况来看，法庭认为，假如允许其继续驾驶某一车型或者类别的机动车会产生严重危险，法庭可以裁定对其适用本条第一款的保安处分措施。

（四）法庭应当在判决中明确指出本条第一款禁令的具体期限，该期限应在三个月以上五年以下，从判决生效之日起算。但是，犯罪人在监狱中服刑的时间或者在保安措施及教育矫正措施执行机构中度过的时间不能计算在内。

（五）如果依照本条第一款之规定，判决持有外国驾驶执照的人员禁止驾驶机动车的，则法庭应当明确指出是在塞尔维亚境内禁止其驾驶机动车。

（六）当犯罪人在缓刑期间，违反禁止驾驶机动车的相关禁令时，法庭应当撤销缓刑。

（七）法律可以规定禁止驾驶机动车的强制性禁令。

第八十七条 对物没收

（一）就被设计用于实施犯罪的专门物品，被用于实施犯罪的普通物品以及在犯罪中被临时使用的物品而言，如果该物品仍有被用于实施犯罪的可能性，或者出于公共安全方面的考虑，或者基于公众良俗方面的原因，对上述物品进行没收具有绝对必要的，法庭可以裁定适用对物没收措施。

（二）没收用于实施犯罪之物的措施，不影响他人向犯罪人就被没收之物而提出赔偿请求。

（三）法律可以设置强制对物没收措施，或者强制销毁措施。在某些特殊情况下，法律也可以专门规定没收某种特殊物品的前提条件。

第八十八条 对外国人适用的驱逐出境

（一）法庭可以裁定对犯罪的外国公民适用驱逐出境，其期限在一年以上十年以下。

（二）在裁定对犯罪的外国公民适用本条第一款之保安处分措施时，法庭应当特别考虑犯罪的严重性、犯罪发生的时间、犯罪动机、犯罪方式以及基于何种原因而宣告该外国公民为不受塞尔维亚共和国欢迎的人。

（三）驱逐出境的期限从裁定生效之日起开始计算，但犯罪人在监狱中所度过的时间不能折抵该措施之期限。

（四）本条第一款之规定，不适用于受塞尔维亚共和国所批准的国际条约所保护的外国人。

第八十九条　发布法庭裁决

（一）法庭在审理通过某一传媒所实施的犯罪或者危及公民生命及健康的犯罪时，如果发布法庭裁决能够消除或者减轻犯罪危害后果，法庭可以决定在同一媒体上，或者通过其他适当的方式，由犯罪人支付费用，全部或者部分发布法庭裁决。

（二）法律可以规定强制性发布法庭裁决。在这种情况下，法庭应当决定在何种媒体上全部或者部分发布法庭裁决。

（三）法庭应当在相关裁决生效后三十天内发布法庭裁决。

第八十九条－a　禁止与被害人聚会或者联系

（一）如果法庭有合理理由相信，犯罪人有可能针对被害人继续实施侵害行为，则法庭可以禁止犯罪人同被害人聚会，禁止其接近被害人住所或者房舍的周围区域以及禁止其骚扰被害人或者同被害人联系。

（二）本条第一款所规定的措施，其适用期限不得超过三年。

（三）在监狱中度过的时间，不得折抵该措施的期限。

（四）如果适用该措施的理由已经消除，则在该措施适用期限届满之前，法庭可以将其撤销。

第九十条　法庭决定终止保安处分

（一）当禁止从事某种职业、进行某种活动或担任某种职务的保安处分以及禁止驾驶机动车的保安处分的适用时间已经超过三年，法庭可以做出决定终止上述保安处分。

（二）在决定是否终止本条第一款中的保安处分措施时，法庭应当特别考虑犯罪人在定罪后的行为表现，其是否已经消除了犯罪的危害后果，其是否已经返还了通过犯罪所得的物质利益以及其他能够影响终止保安处分的相关情况。

第七章 没收犯罪收益

第九十一条 没收犯罪收益的根据

（一）任何人不得保留通过犯罪而获得之物质利益。

（二）如果本法有相应规定，法庭在处置犯罪时，应依照本条第一款之要求做出没收犯罪收益的决定。

第九十二条 没收犯罪收益的条件及方式

（一）犯罪人通过犯罪而获得的金钱、有价物或其他物质利益应予以没收。如果无法没收上述犯罪收益，法庭应责令犯罪人缴纳与该犯罪收益具有同等价值的其他财产，或者支付与该犯罪收益具有同等价值的相应金钱。

（二）如果某一法人或者某一自然人在接受犯罪收益时，并未支付相应之对价，或者所支付之对价明显小于该犯罪收益之实际价值，[1] 则法庭可以没收该犯罪收益。

（三）如果犯罪人系为他人而牟取犯罪收益的，则该犯罪收益应当予以没收。

第九十三条　对被害人的保护

（一）如果被害人向法庭提出所有权主张，则法庭在没收犯罪所得之收益时，应当仅没收超出被害人诉讼请求之外的物质利益。

（二）如果在刑事诉讼中，法庭通过某一决定告之被害人应当在民事诉讼中主张权利的，被害人可以在该决定生效后六个月以内提起主张财产权利的民事诉讼，请求法庭以所没收之财物补偿其因犯罪而遭受之损失。

（三）被害人如果并没有在刑事诉讼中提出主张所有权的诉讼请求，其可以在知晓没收犯罪收益的判决后三个月以内，或至多在没收犯罪收益的判决生效后三年以内，提起主张财产权利的民事诉讼，请示法庭以所没收之财物补偿其因犯罪而遭受之损失。

（四）就本条第二款及第三款而言，被害人必须在其主张所有权的诉讼请求被法庭裁决认可之后的三个月之内，请求执行该裁决，从而以所没收的财物弥补其损失。

---

① 该情况属于民法中的非善意占有。非善意占有是相对于善意占有而言的，非善意占有是指受让人明知转让人无处分权，或基于重大过失而不知对转让人无处分权，仍然接受财产。在民法中，善意取得是所有权取得的一种重要方式。在善意取得的场合，受让人即便从无处分权的占有人处接受财产时，如果受让人在取得该财产时出于善意，则受让人仍然取得该财产的所有权。善意取得之立法意图在于牺牲原所有人的利益，进而保护交易的动态安全，因此善意取得制度必须以有偿且支付相应对价为条件。而非善意占有中，受让人因无偿取得，就不存在其有对价的交易，因此受让人和所有权人的利益则会导致不平衡，故而法律并不保护非善有占有。

第八章 定罪的法律后果

第九十四条 定罪的法律后果

（一）犯某种的特定之罪或者被判处某种特定之刑罚的犯罪人，应当承受某种定罪的法律结果，并可以因此而被停止实施或者被剥夺某种特定权利，或者被禁止获得某种特定权利。

（二）就被判处罚金刑的犯罪人，或者被判处缓刑而未被撤销缓刑的犯罪人，或者被判处司法训诫的犯罪人以及被免予处罚的犯罪人而言，不存在定罪的法律后果。

（三）定罪的法律后果只能由法律来规定，并且只能依照设置该法律后果的法律方可予以启动。

第九十五条 定罪的法律后果的种类

（一）定罪的法律后果会使犯罪人丧失如下权利：

1. 担任公职的权利；

2. 被劳动雇佣，或者继续从事特定职业或者担任特定岗位的权利；

3. 继续持有政府相关主管部门或者地方自治政府所颁发的特别许可或者执照的权利。

（二）定罪的法律后果将禁止犯罪人获得如下权利：

1. 被任命为特定公职人员的权利；

2. 获得特定资格、从事特定职业或担任特定岗位或者升职的权利；

3. 获得军衔的权利；

4. 获得由政府相关主管部门或者地方自治政府所颁发的特别许可或者执照的权利。

第九十六条　定罪的法律后果的开始及持续时间

（一）定罪的法律后果，自认定行为人有罪的判决生效之日起开始生效。

（二）如果某一包含定罪法律后果的判决已经生效后，该判决随即就因为某种特定的法律救济事项而进行了相应之修改，在这种情况下，原先的定罪法律后果或者随后做出的定罪的法律后果应当和修改后的新判决的内容协调一致。

（三）定罪的法律后果中，禁止犯罪人获得特定权利的期限最多不得超过十年。

（四）犯罪人在监狱中服刑的时间不得折抵定罪的法律后果的期限。

（五）如果犯罪人业已复权，则本法第九十五条第二款中所规定的定罪的法律后果应当停止。

第九章　复权、定罪的法律后果的结束、犯罪人受刑记录的揭露

第九十七条　复权的一般概念

（一）复权意味着撤销定罪，所有的定罪的法律后果也会就此终止，并且犯罪人的有关受刑记录也会就此消除。

（二）犯罪人的复权可以依照法律而启动（法律复权），或法

庭依照犯罪人的请求而启动（法庭复权）。

（三）对犯罪人的复权不得损害定罪判决中所涉及的第三人的权利。

第九十八条 法律复权

（一）法律复权仅适用于在对犯罪人进行复权之前，如果犯罪人没有再因为实施其他犯罪而被定罪，或者被法律视为没有犯罪。

（二）如果出现以下情况，法律复权就开始启动：

1. 被判处法庭训诫和免予处罚的犯罪人，如果其自法庭裁决生效之日起一年以内没有犯新罪的；

2. 被判处缓刑的犯罪人，如果其在缓刑考验期届满之日起一年以内没有犯新罪的；

3. 被判处罚金、社区服务、吊销机动车驾驶证，或者六个月以下监禁的犯罪人，如果其自该刑罚被执行完毕之日起，或自行刑时效届满之日起，或自赦免之日起三年以内没有犯新罪的；

4. 被判处六个月以上一年以下监禁的犯罪人，如果其自该刑罚执行完毕之日起，或自行刑时效届满之日起，或自赦免之日起五年以内没有犯新罪的；

5. 被判处一年以上三年以下监禁的犯罪人，如果其自该刑罚执行完毕之日起，或自行刑时效届满之日起，或自赦免之日起十年以内没有犯新罪的。

（三）如果附加刑尚未被执行，或者保安处分措施仍在实施中，则不得启动复权。

第九十九条 法庭复权

（一）就被判处三年以上五年以下监禁的犯罪人而言，如果其自该刑罚执行完毕之日起，或自行刑时效届满之日起，或自赦免之日起十年以内没有犯新罪的，法庭可以对其复权。

（二）就本条第一款之情况而言，如果法庭从犯罪人的行为表现中可以断定应当对其复权的，或者犯罪人依据自己的经济能力已经弥补了犯罪的危害后果的，法庭应当对犯罪人复权。在法庭决定对犯罪人复权时，法庭应当考虑所有能够影响复权的相关情节，特别是犯罪的性质及其法律意义。

（三）如果附加刑尚未被执行，或者保安处分措施仍在实施中，则不得启动复权。

第一百条　对于先前数罪的法庭复权

如果犯罪人曾经被数次判决确定为有罪，则只有犯罪人曾经犯过的每个犯罪都符合本法第九十八条及第九十九条的情况下，法庭才能对其复权。在这种情况下，在决定是否对犯罪人进行复权时，法庭应当特别考虑本法第九十九条所规定的所有情况。

第一百零一条　定罪法律后果的终止

（一）自刑罚执行完毕之日起，或自行刑时效届满之日起，或自赦免之日起届满三年的，就禁止犯罪人获得某种特定权利的定罪法律后果而言，法庭可以裁定将其终止。

（二）在考虑裁定终止定罪的法律后果时，法庭应当考虑犯罪人在定罪后的行为表现，其是否已经赔偿了犯罪损失或者归还了犯罪所得之收益以及能够让法庭有理由做出终止定罪的法律后果的所有情况。

第一百零二条　犯罪记录的内容及其获取

（一）犯罪记录包括犯罪人的个人资料，所受刑罚、缓刑、司法训诫、免予处罚以及赦免的相关数据以及定罪的法律后果的相关情况。犯罪记录还应当包括上述资料或者数据的变动情况、刑罚执行以及对错误定罪所产生的记录进行删除的相关信息。

（二）只有正在对犯罪人进行刑事诉讼的法庭、检察机关、警方，负责对犯罪人执行刑罚的有关机构，担负对犯罪人进行大赦、特赦、复权以及有权决定终止定罪的法律后果的有关机构，需要相关数据而在其职权范围内依法履行职责的社会福利机构，才能获取犯罪记录中的相关资料。

（三）在国家机关、法人、其他组织或者企业的申请下，如果判决或保安处分措施中定罪的法律后果仍然存在，并且国家机关、法人、其他组织或者企业有法定的正当理由，则国家机关、法人和自然人可以获取犯罪纪录中的相关资料。

（四）任何人都无权要求公民向其呈交自己是否受过有罪判决的相关证明。

（五）应公民的申请，公民可以获得其是否受过有罪判决的相关资料。

（六）撤销定罪的相关数据不得交给任何人。

第十章 法定时效

第一百零三条 刑事诉讼时效

除非法律有其他规定，犯罪经过下列期限不得再进行追诉：

1. 依法可能被判处三十年以上四十年以下监禁的犯罪，犯罪后满二十五年的；

2. 依法可能被判处十五年以上监禁的犯罪，犯罪后满二十年的；

3. 依法可能被判处十年以上监禁的犯罪，犯罪后满十五年的；

4. 依法可能被判处五年以上监禁的犯罪，犯罪后满十年的；

5. 依法可能被判处三年以上监禁的犯罪，犯罪后满五年的；

6. 依法可能被判处一年以上监禁的犯罪，犯罪后满三年的；

7. 依法可能被判处一年监禁或罚金的犯罪，犯罪后满两年的。

第一百零四条　追诉时效的过程及中断

（一）追诉时效的期限自犯罪之日起开始计算。如果犯罪结果在犯罪行为实施一定时间之后才发生的，则对该罪的诉讼时效应当自犯罪结果发生之日起开始计算。

（二）如果无法对犯罪人启动追诉或无法继续追诉，追诉时效应当依法暂时停止。

（三）意图揭露违法行为的实施者，或者意图揭露并起诉犯罪行为实施者而对其所采取的任何一个诉讼行为，都会导致追诉时效中断。

（四）在追诉时效期间之内，犯与前罪同样严重或更严重的新罪的，追诉时效中断。

（五）每一次中断，追诉时效都应重新计算。

（六）如果犯罪之后所经过时间超过法定追诉时效的两倍时，则无论在任何情况下，均不得对犯罪人进行追诉。

第一百零五条　行刑时效

除非法律有其他规定，法庭所宣告之刑罚经过下列期限不再执行：

1. 被判处三十年以上四十年以下监禁的犯罪，自定罪之日起经过二十五年的；

2. 被判处十五年以上监禁的犯罪，自定罪之日起经过二十年的；

3. 被判处十年以上监禁的犯罪，自定罪之日起经过十五年的

4. 被判处五年以上监禁的犯罪，自定罪之日起经过十年的；

5. 被判处三年以上监禁的犯罪，自定罪之日起经过五年的；

6. 被判处一年以上监禁的犯罪，自定罪之日起经过三年的；

7. 被判一年监禁、罚金、社区服务或者吊销机动车驾驶执照的犯罪，自定罪之日起经过两年的。

第一百零六条　附加刑和保安处分措施的行刑时效

（一）当罚金或者吊销机动车驾驶执照作为附加刑宣告时，自做出罚金刑或者吊销机动车驾驶执照的判决生效之日起届满两年的，该刑罚不再执行。

（二）在健康机构中接受强制精神治疗和监护、在自由状态中接受强制精神治疗、对酒精成瘾的强制治疗以及对麻醉品成瘾的强制治疗的保安处分措施，自做出上述措施的裁决生效之日起届满五年的，该措施不再执行。

（三）禁止从事某种职业、进行某种活动或担任某种职务、禁止驾驶机动车以及暂时驱逐外国人出境的保安处分措施，自上述措施所宣告的期限届满之日起，该措施不再执行。

第一百零七条　行刑时效的过程及中断

（一）行刑时效期限自判决生效之日起计算，如果缓刑被撤销，则从法庭做出缓刑撤销的裁决生效之日起计算。

（二）如果由于大赦、特赦，或者由于发生了特定的法律救济事项，并因此而使得法庭将原先判决所确定的刑期进行了缩减，则行刑时效应当依据新判决所确定的刑期予以计算，但是在这种情况下行刑时效应当从原先判决生效之日起开始计算。

（三）当刑罚无法执行时，行刑时效依法暂时停止进行。

（四）在行刑时效期间以内，刑罚执行机关意图执行刑罚而所采取的每次行动都会导致行刑时效中断。

（五）每一次中断，行刑时效都应重新计算。

（六）如果犯罪之后所经过时间超过法定行刑时效的两倍时，则无论在任何情况下，该刑罚均不得被执行。

（七）就本条第六款规定之情况而言，已经开始执行的刑罚，应当予以停止执行。

（八）本条第二款至第五款可以适用于保安处分措施的行刑时效。

第一百零八条　不适用时效的情况

本法第三百七十条至第三百七十五条所规定的犯罪以及塞尔维亚共和国业已批准的相关国际公约所规定的某些犯罪，不受追诉时效及行刑时效之限制。

第十一章　大赦和特赦

第一百零九条　大赦

（一）被大赦的人们可以因此而免予追诉，或完全或部分免除刑罚执行，或其被宣告较轻的刑罚，或者被复权，或被部分或者全部撤销定罪的法律后果。

（二）被大赦之人可以因此而被撤销以下保安处分措施，或缩短其期限：禁止从事某种职业、进行某种活动或担任某种职务、禁止驾驶机动车以及对外国人适用的驱逐出境。

第一百一十条 特赦

（一）特赦仅适用于特定的个人，该人可以因此而免予追诉，或者完全或部分免除刑罚执行，或者被宣告缓刑或被较轻的刑罚，或者被复权，或者被消减判决中的定罪的法律后果的期限，或者被部分或者全部撤销定罪的法律后果。

（二）被特赦之人可以因此而被撤销以下保安处分措施，或缩短其期限：禁止从事某种职业、进行某种活动或担任某种职务、禁止驾驶机动车以及对外国人适用的驱逐出境。

第一百一十一条 大赦及特赦对第三人权利的影响

大赦及特赦对相关判决中第三人的权利不产生任何影响。

第十二章 释义

第一百一十二条 本法所使用的术语的含义

（一）“塞尔维亚共和国领土”，是指塞尔维亚共和国边境以内的领陆、领水以及其上层空间。

（二）“塞尔维亚共和国的刑事立法”，是指本刑法典以及其他法律中的刑事法律规范。

（三）“公职人员”是指：

1. 在政府机关内行使公共职权的人员；

2. 在政府机关以及地方自治政府中被选举、任命或者委派的官员以及永久或定期在政府机关以及地方自治政府中行使公共职权的人员；

3. 被委派到某一协会、事业单位或者其他法人中定期行使公共职权，或者对自然人、法人的权利义务或者利益，或者公众利益等方面的事项进行裁定的人；

4. 公职人员还包括事实上被委派行使公共职权或担任公职的人；

5. 军事人员。

（四）“外国公职人员”，是指在外国立法、行政、司法机关中任职的人员，在国际组织或实体中供职的人员以及在国际法庭中任职的法官或者其他工作人员。

（五）“责任人员”，是指某一商业企业或者其他法人的实际拥有者，或者某一公司、协会或者法人中基于职责而受委托管理资金的人员或者被授权而在某一特定范围内行使财务管理、生产、监管或者其他职权的人员，或者事实上受委托而行使上述职权的人员。当公职人员涉嫌相关责任人员的身份犯罪时，如果该种犯罪在本法典针对公务的犯罪的相关章节中并未予以规定，也未在本法典其他章节中被规定为公职人员的身份犯罪时，该公职人员也可以被视为责任人员。

（六）“军事人员”，是指职业士兵（职业军官、士官、合同制军官、合同制士兵），招募制士兵、军事院校的干部及学员、被征召履行其军事职责的预备役军事人员以及执行特殊军事任务的民事人员。

（七）当“公职人员”、“责任人员”或者“军事人员”被作为某些犯罪的犯罪主体时，本条第三款、第五款以及第六款中所列举的所有人员均可成为这些犯罪的犯罪主体，除非从某种犯罪的法律特征上来看，只有某些特殊公职人员、责任人员或者军事人员才可以成为该罪的犯罪主体。

（八）“儿童”，是指年龄不满十四周岁的人。

（九）“未成年人”，是指年龄在十四周岁以上十八周岁以下的人。

（十）“青少年人”，是指年龄不满十八周岁的人。

（十一）“犯罪人”，包括实行犯、帮助犯、教唆犯、无形帮助犯。

（十二）“暴力”，也包括使用催眠及致人昏迷的手段以使他人违背自己意愿而进入无意识状态，或使其不能反抗。

（十三）“选举”，是指推选塞尔维亚共和国国会代表、塞尔维亚共和国总统、地方自治政府组成人员以及其他受宪法或者其他法律指导而被称为“选举”的推选活动。

（十四）“全民公决”，是指公民对依照宪法或法律而提出的某些议题的集体表决。

（十五）“麻醉品”，是指被法律规章称为“麻醉品”的物质或者混合物。

（十六）“可移动物”，也包含任何可以被生产或收集从而提供光、热，或运动的能量。同时还包括电话脉冲、计算机数据以及计算机程序。

（十七）“计算机数据”，是指能够以某种合适的形式而在计算机系统内进行处理的某种事实、信息或者概念，同时还包括某种使计算机系统能够得以正常运转的计算机程序。

（十八）“计算机网络”，是指由相互之间在内部链接的，能够相互交换数据的计算机或者计算机系统所组成的互联系统。

（十九）“计算机程序”，是指一整套系统化的命令，其用来控制计算机操作以及借助计算机解决某种特殊问题。

（二十）“计算机病毒”，是指一种计算机程序，或者一组计算机指令，其能够进入某一计算机或者某一计算机网络中而进行自我繁殖，或者通过增加一个或者一个以上的计算机程序或者数据的方式而对该计算机或者该计算机网络进行攻击。

（二十一）“商业组织”，是指一个从事商业活动的企业、组织，或者企业家。如果某一法人在其基本业务活动之外也从事商业活动，则仅在其从事商业活动时，才能被视为“商业组织”。

（二十二）“犯罪团伙”，是指三人以上共同预谋，经常或者偶尔实施犯罪活动的群体，该群体成员没有明显的角色分工，也没有稳定的组织结构。

（二十三）“货币”，是指塞尔维亚共和国及其他国家发行的硬币、纸币以及用其他材料制作的法定货币。

（二十四）“检验印记”，也指外国的检验印记。

（二十五）“机动车”，是指任何由引擎驱动的，能够在陆地、水域及空中行进的交通工具。

（二十六）“证明文件”，是指任何适合用于或者被设计用于作为证据事实而证明某种法律关系的物品，也包括计算机数据。

（二十七）文件、信函或者交付也可以采取电子形式。

（二十八）“家庭成员”，包括直系血亲、同居者及其子女、养子女、养父女。如果本人同兄弟姐妹及其配偶，或者前配偶及其子女父母在一起生活，则这些人也属于家庭成员。“家庭成员”还包括和自己生过孩子或者即将有孩子的人，尽管他们已经不再一起生活。

（二十九）本法中的术语“不应受刑罚处罚”，也意味着行为不构成犯罪。

（三十）当某个“未完成体”动词被用于表示某一犯罪行为

时，则将意味着某一行为不论实施一次或者实施数次都将构成犯罪。①

（三十一）“塞尔维亚”，是塞尔维亚共和国的缩写。

（三十二）“具有公共重要性工作”，是指某种对从业人员的人身安全有明显风险的工作或职业。“具有公共重要性工作”也指对公共信息、健康、教育、公共交通、在法庭及国家之外提供法律和职业援助等方面有重要意义的工作。

（三十三）“计算机”，是指任何能够进行自动数据处理及数据交换的电子设备。

（三十四）“计算机系统”，是指任何一个装置或者一群内部互相连通的装置，其中一个或者一个以上这样的装置受到一个程序支配，执行自动处理数据任务。

（三十五）“有组织犯罪集团”，是指三人或三人以上，在特定时期内，为了实现共同的目标，实施一个或一个以上的可能被判处四年监禁或者更为严厉刑罚的犯罪行为，以求直接或间接获取金钱或其他物质利益，或以求实现或维持对某种经济事物或国家某一重要组织的控制，从而组建的结构稳定的犯罪集体。

（三十六）财产的形式多种多样，具体的或者无形的，可移动的不可移动的，或者可以估价的以及不可估价的，只要能够证明权利及利益关系即可。直接或者间接源自于犯罪活动得到的收入或者利益也可以被视为是财产。

① 在斯拉夫语中，动词分有式（不定式、目的式、陈述式、命令式、条件式）、时（现在时、将来时、过去时）、人称（第一、二、三人称）、数（单数、双数、复数）、性（阳性、阴性、中性）、体（完成体、未完成体）、态（主动态、被动态）及形动词，没有副动词。

第二编　分　则

第十三章　侵害生命和身体的犯罪

第一百一十三条　谋杀罪

杀害他人的，处五年以上十五年以下监禁。

第一百一十四条　严重谋杀

实施下列谋杀行为的，处三十年以上四十年以下监禁。

1. 以残忍或奸诈手段杀害他人的；

2. 肆意使用暴力杀害他人的；

3. 明知杀害他人可能会危及另外一人或者更多人的生命，而决意为之的；

4. 在实施抢劫罪或者加重盗窃时，杀害他人的；

5. 以牟取利益、实施或掩饰其他犯罪、肆意报复或者其他卑鄙意图为目的，杀害他人的；

6. 杀害正在执行职务的公职人员或者军事人员的；

7. 杀害正在履行职责的法官、检察官、检察官助手或者警察的；

8. 杀害在其业务范围实施公益活动的人员的；

9. 杀害儿童或者孕妇的；

10. 在实施家庭暴力时杀害他人的；

11. 故意杀害数人的，如果这种杀人行为不属于激愤杀人、杀婴或者出于怜悯之谋杀。

第一百一十五条 激愤杀人罪

行为人毫无过错而遭受被害人的攻击、虐待或严重侮辱，并因此处于突然的内心狂躁状态，从而杀害被害人的，处一年以上八年以下监禁。

第一百一十六条 杀婴罪

因分娩而处于精神失调状态的母亲，杀害其正在分娩中的或刚出生的婴儿的，处一年以上八年以下监禁。

第一百一十七条 出于怜悯之杀人罪[①]

出于对某一患有严重疾病的成年人之怜悯，在该成年人认真而明确的请求下，将其杀害的，处六个月以上五年以下监禁。

第一百一十八条 过失致人死亡罪

出于过失而导致他人死亡的，处六个月以上五年以下监禁。

第一百一十九条 教唆及帮助自杀罪

（一）教唆或帮助他人自杀，并因此而导致其完成了自杀行为或者实施了自杀行为的，处六个月以上五年以下监禁。

（二）帮助本法第一百一十七条规定的某一患有严重疾病的成年人实施自杀的，并因此而导致其完成了自杀行为或者实施了自杀行为的，处三个月以上三年以下监禁。

（三）针对青少年人或者心智明显减弱的人犯本条第一款之罪的，处二年以上十年以下监禁。

（四）针对儿童或者心智丧失的人犯本条第一款之罪的，应

① 出于怜悯之杀人即通常所称的安乐死。东正教教义认为安乐死是“杀人和自杀的结合”，是对上帝的侮辱。由于塞尔维亚族信奉东正教，故此安乐死在塞尔维亚安乐死被视为故意杀人行为，并予以处罚。

当依照本法第一百一十四条之罪定罪处罚。

（五）以残忍或不人道之手段对待同自己存在隶属或依从关系的人员，并且由于可归责于自己之过失而导致该人员自杀的，处六个月以上五年以下监禁。

第一百二十条　非法终止妊娠罪

（一）违反关于终止妊娠的法律规定，在征得孕妇同意后开始实施、已经实施或帮助实施终止妊娠之行为的，处三个月以上三年以下监禁。

（二）以实施本条第一款之犯罪行为作为职业的，处六个月以上五年以下监禁。

（三）未征得孕妇同意而开始实施或已经实施终止妊娠行为的，或者未征得不满十六周岁女孩的父母、养父母或监护人的同意及书面同意而开始实施或已经实施终止妊娠行为的，处一年以上八年以下监禁。

（四）犯本条第一至第三款之罪，并因此而严重损害孕妇身体健康或导致其死亡的，犯第一款及第二款之罪的，处一年以上七年以下监禁；犯第三款之罪的，处二年以上十二年以下监禁。

第一百二十一条　严重伤害罪

（一）严重伤害他人身体或损害他人健康的，处六个月以上五年以下监禁。

（二）严重伤害他人身体或损害他人健康，并因此而危及被害人生命安全的，或造成其身体关键部位或重要器官功能丧失的，或造成其健康永久性损害或严重损害的，或造成其毁容的，处一年以上八年以下监禁。

（三）犯本条第一款及第二款之罪，并因此而致使被害人死亡的，处二年以上十二年以下监禁。

（四）过失犯本条第一款及第二款之罪的，处三年以下监禁。

（五）行为人毫无过错而遭受被害人的家庭暴力，或受到被害人的攻击或严重侮辱，并因此处于突然的内心狂躁状态，犯本条第一款之罪的，处三年以下监禁；犯本条第二款之罪的，处三个月以上四年以下监禁；犯第三款之罪的，处六个月以上五年以下监禁。

（六）如果针对未成年人、孕妇或者正在执行公共利益职责的人员犯本条第一款之罪的，处一年以上八年以上监禁；犯本条第二款之罪的，处二年以上十二年以下监禁；犯本条第三款之罪的，处五年以上十五年以下监禁。

第一百二十二条 轻伤害罪

（一）导致他人轻伤的，或者损害未成年人健康的，处罚金，或者一年以下监禁。

（二）如果使用武器、危险器具，或者容易造成严重身体伤害或者严重健康损害的器具，并因此而造成他人轻伤的，处三年以下监禁。

（三）如果因为被被害人的粗鲁行为或者暴力行为而激怒，并因此而实施本条第二款之罪的，法庭可以对其适用司法训诫。

（四）犯本条第一款之罪的，告诉的才处理。

第一百二十三条 斗殴罪

参与斗殴，并因此而导致他人死亡或者严重身体伤害的，处三年以下监禁。

第一百二十四条 在斗殴或者口角中威胁使用危险器具罪

（一）在斗殴或者口角中，伸手去拿武器、危险器具，或者容易造成严重身体伤害或者严重健康损害的器具的，处罚金，或者六个月以下监禁。

（二）在斗殴或者口角中，出示武器的，处两年以下监禁，并处罚金。

第一百二十五条　置人于危险状态罪

（一）因自己之行为导致他人因无所依助而处于某种危及生命安全的环境或状态的，并且随后弃之而去的，处三个月以上三年以下监禁。

（二）犯本条第一款之罪，并因此而造成被遗弃者身体严重伤害或健康严重损害的，处一年以上五年以下监禁。

（三）犯本条第一款之罪，并因此而造成被遗弃者死亡的，处一年以上八年以下监禁。

（四）如果针对未成年人、孕妇犯本条第一款之罪的，处六个月以上五年以上监禁；犯本条第二款之罪的，处一年以上八年以下监禁；犯本条第三款之罪的，处二年以上十二年以下监禁。

第一百二十六条　遗弃残弱无助人员罪

（一）行为人接受委托照顾或者有义务照顾残弱无助人员，但却弃之而去，并因此而致使其处于危及生命或健康之状态或环境的，处三个月以上三年以下监禁。

（二）犯本条第一款之罪，并因此而造成被遗弃者身体严重伤害或健康严重损害的，处一年以上五年以下监禁。

（三）犯本条第一款之罪，并因此而造成被遗弃者死亡的，处一年以上八年以下监禁。

第一百二十七条　见危不救罪

（一）行为人对于生命安全面临危险的人员，有能力予以救助，并且不会因此而对自己或他人造成任何危险，但却未能提供任何帮助的，处罚金或者二年以下监禁。

（二）如果因为未能提供帮助而致使生命安全面临危险的人

员身体严重伤害或健康严重损害的，处三年以下监禁。

（三）如果因为未能提供帮助而致使生命安全面临危险的人员死亡的，处三个月以上五年以下监禁。

第十四章 侵害人类和公民的自由和权利的犯罪

第一百二十八条 破坏公民平等罪

（一）基于民族、人种、种族、宗教归属不同，或者基于政治、信仰、性别、语言、教育、社会地位、社会出身、财富及其他个人特征的差别，剥夺或限制宪法、法律或本国批准之国际公约所赋予人类及公民之权利的，或基于上述事由，违反宪法、法律或本国批准之国际公约之规定，对某些公民给予特殊关照的，处三年以下监禁。

（二）公职人员在履行职务期间犯本条第一款之罪的，处三个月以上五年以下监禁。

第一百二十九条 侵犯使用语言及字母的权利罪

违反塞尔维亚共和国各民族或种族群体使用语言及字母的法律规定，当塞尔维亚共和国公民在行使权利时，或者在向有关机关或组织提出批评或建议时，剥夺或限制其使用民族语言或字母的权利的，处一年以下监禁。

第一百三十条 侵犯表达民族或种族归属权利

（一）阻止他人表达其民族、种族或文化归属的，处罚金或者一年以下监禁。

（二）强迫他人宣告其民族、种族或文化归属的，依照本条第一款之规定处罚。

（三）公职人员在履行职务期间，犯本条第一款及第二款之罪的，处三年以下监禁。

第一百三十一条　侵犯宗教信仰自由或者宗教服务自由

（一）阻止或者限制他人宗教信仰自由，或者阻止或者限制他人参与宗教活动的，处一年以下监禁。

（二）阻止或者限制他人提供宗教服务的，依照本条第一款之规定处罚。

（三）强迫他人表达其宗教信仰的，处罚金或者一年以下监禁。

（四）公职人员在履行职务期间，犯本条第一款至第三款之罪的，处三年以下监禁。

第一百三十二条　非法拘禁罪

（一）非法拘捕他人，将其关押或者以其他非法方式剥夺其自由，或者限制其行动自由的，处三年以下监禁。

（二）公职人员滥用职权犯本条第一款之罪的，处六个月以上五年以下监禁。

（三）如果非法拘禁他人的时间超过三十天的，或者以残忍之方式实施的，或者由于非法拘禁行为而严重损害被害人身体健康的，或者造成其他严重后果的，处一年以上八年以下监禁。

（四）犯本条第一款及第三款之罪，并由于非法拘禁行为而导致被害人死亡的，处二年以上十二年以下监禁。

（五）犯本条第一款之罪的，处罚未遂。

第一百三十三条　侵犯迁徙及定居自由

（一）剥夺或限制他人在塞尔维亚共和国境内迁徙及定居的

自由的，处罚金或者一年以下监禁。

（二）公职人员在履行职务期间，犯本条第一款之罪的，处三年以下监禁。

第一百三十四条 略取诱拐罪①

（一）使用暴力、胁迫、欺诈或者以其他方式，以向他人或者第三人敲诈金钱或者物质利益为目的，或者以迫使他人或者第三人实施或不实施某种行为或容忍某种事态为目的，劫走或者拘禁他人的，处二年以上十年以下监禁。

（二）以实现略取诱拐之意图为目的，对被害人威胁实施谋杀或者严重身体伤害的，处三年以上十二年以下监禁。

（三）如果劫走或者拘禁被害人的时间超过十天的，或者以残忍之方式实施的，或者由于劫走或者拘禁行为而严重损害被害人身体健康的，或者造成其他严重后果的，或者针对青少年人犯本条第一款之罪的，处三年以上十五年以下监禁。

（四）犯本条第一款至第三款之罪，并因此而导致被害人死亡的，或者以犯罪团伙形式犯本条第一款至第三款之罪的，处五年以上十八年以下监禁。

（五）以有组织犯罪集团的形式犯本条第一款至第三款之罪的，处五年以上监禁。

第一百三十五条 强迫罪

（一）使用暴力或者威胁，强迫他人实施或不实施某种行为或容忍某种事态的，处三年以下监禁。

（二）以残忍之方式，或者以实施谋杀、严重身体伤害或者略取诱拐为威胁，犯本条第一款之罪的，处六个月以上五年以下

① 通过引诱等间接手段控制第三者的行为称为“诱拐”，而使用暴力、胁迫等强制手段的话则为“略取”（绑架）。两者也合称为“拐取”。

监禁。

（三）犯本条第一款及第二款之罪，并因此而造成他人严重身体伤害或者其他严重危害后果的，处一年以上十年以下监禁。

（四）犯本条第一款及第二款之罪，并因此而造成他人死亡的，或者以犯罪团伙形式犯本条第一款及第二款之罪的，处三年以上十二年以下监禁。

（五）以有组织犯罪集团的形式犯本条第一款至第三款之罪的，处五年以上十五年以下监禁。

第一百三十六条　刑讯逼供罪

（一）公职人员在履行职务期间，使用暴力、威胁或以其他未经允许之工具或手段，以逼取被告人、证人、鉴定人或其他人的供述，或者其他陈述的，处三个月以上五年以下监禁。

（二）犯本条第一款之罪时，使用严重暴力的，或者在刑事诉讼中使用刑讯所获得之供述，并因此而对被告人产生了严重危害后果的，处二年以上十年以下监禁。

第一百三十七条　虐待及折磨罪

（一）虐待他人，或者以羞辱性或贬损性方式对待他人的，处罚金，或者一年以下监禁。

（二）出于某种形式的歧视，以从他人或者第三人获得信息或者供述，或者以恐吓他人或第三人，或者以给他人或第三人施加压力为目的，对他人或者第三人进行痛苦折磨的，处六个月以上五年以下监禁。

（三）公职人员在履行职务期间犯本条第一款之罪的，处三个月以上三年以下监禁；犯本条第二款之罪的，处一年以上八年以下监禁。

第一百三十八条　危及他人安全罪

（一）对他人或与其有亲密关系的第三人的生命或身体实施攻击，并因此而危及其身体或身体安全的，处一年以下监禁。

（二）针对数人犯本条第一款之罪的，或者造成被害人焦虑不安或者造成其他严重危害后果的，处三个月以上五年以下监禁。

（三）针对塞尔维亚共和国总统、国会议员、政府总理、部长、宪法法院法官、法官、检察官、检察官助手以及从事重要公共信息服务的人员犯本条第一款之罪的，处一年以上八年以下监禁。

第一百三十九条　侵犯家庭不可侵犯之权利罪

（一）未经授权进入他人公寓或者住所，或者进入其他属于他人所有的封闭场所的，或者虽经权利人正式要求而拒不从权利人的公寓、住所或属于其所有的封闭场所退出的，处罚金或者一年以下监禁。

（二）公职人员在履行职务期间犯本条第一款之罪的，处三年以下监禁。

（三）犯本条第一款及第二款之罪的，处罚未遂。

第一百四十条　非法搜查罪

公职人员在履行职务期间，非法搜查他人身体、公寓、住所，或者其他属于他人所有的封闭场所的，处三年以下监禁。

第一百四十一条　未经授权揭露他人秘密罪

（一）律师、医生，或者其他人员，未经授权泄露其在履行职务期间所获知的他人秘密的，处罚金或者一年以下监禁。

（二）行为人虽然实施了本条第一款之行为，但如果其是为公共利益或他人利益而泄露上述秘密，并且泄露该秘密比保守该秘密更有益处的，则其不应受刑罚处罚。[①]

第一百四十二条　侵犯信件或者其他邮件隐私罪

（一）未经授权，擅自拆开他人的信件、电报，或者其他封缄的通讯文件、托运物，或以其他形式侵犯上述物品隐私的，或未经授权而对他人信件、电报，或者其他邮件予以扣留、隐匿、毁坏，或转交第三人的，或者侵犯他人电子邮件隐私的，处罚金或者两年以下监禁。

（二）行为人将自己通过实施拆开他人信件、电报、托运物等侵犯他人通讯或邮件隐私的犯罪行为而得知的他人隐私告知第三人的，或者行为人自己使用该隐私的，依照本条第一款之规定处罚。

（三）公职人员在履行职务期间犯本条第一款及第二款之罪的，处六个月以上三年以下监禁。

第一百四十三条　未经授权窃听或者录音罪

（一）使用特殊器械，窃听他人的不欲使行为人知晓之陈述、对话或通知，或对上述对话、陈述或通知进行录音的，处罚金或者三个月以上三年以下监禁。

（二）行为人将其通过窃听或录音手段所获得之上述对话、陈述或私人告示，告知无权知晓上述对话、陈述或通知的人员的，依照本条第一款之规定处罚。

（三）公职人员在履行职务期间犯本条第一款及第二款之罪的，处六个月以上五年以下监禁。

第一百四十四条　未经授权拍录罪

（一）未经授权而对他人拍照、录像或制作视频记录并因此

---

① 请注意，根据本法第 112 条第 29 款之规定，“不应受刑罚处罚”也就意味着不构成犯罪。

而严重侵扰其私生活的，或直接将上述物品移交给第三人，或以其他方式让第三人知晓上述物品内容的，处罚金或者一年以下监禁。

（二）公职人员在履行职务期间，犯本条第一款之罪的，处三年以下监禁。

第一百四十五条　未经授权出版或展示他人笔记、肖像或者录音罪

（一）未经讲义制作人之同意，或者未经图画、照片或者录像中的肖像权人之同意，或者未经唱片原声人之同意，或者在法律强制要求必须获得相关人员之同意但却未经其同意，出版或展示与他人个人特征有关的笔记、肖像、照片、录像或者录音，并因此而严重侵犯他人隐私的，处罚金或者二年以下监禁。

（二）公职人员在履行职务期间犯本条第一款之罪的，处三年以下监禁。

第一百四十六条　未经授权收集个人信息罪

（一）未经授权对于依照法律而收集、处理及使用的信息，违背上述信息收集、处理及使用的最终目的，获取、同他人交流或者以其他方式使用上述信息的，处罚金或者一年以下监禁。

（二）违背法律收集公民个人信息的，或者使用违法被收集的信息的，依照本条第一款之规定处罚。

（三）公职人员在履行职务期间，犯本条第一款之罪的，处三年以下监禁。

第一百四十七条　侵犯法律救济权罪

（一）阻止他人行使呈递答辩、请愿、控诉、上诉、抗议或者其他法律救济方面的权利的，处罚金或者一年以下监禁。

（二）公职人员在履行职务期间，犯本条第一款之罪的，处三个月以上三年以下监禁。

第一百四十八条　侵犯言论及公开出版自由

（一）非法剥夺或限制他人言论及公开出版自由的，处罚金或者一年以下监禁。

（二）公职人员在履行职务期间，犯本条第一款之罪的，处三年以下监禁。

第一百四十九条　阻止印制、发行印刷品及广播罪

（一）未经授权，非法阻止或者限制书籍、杂志、报纸、音频制品、视频制品或其他类似的印刷品及影音制品的印制、录制、发行及销售的，处罚金或者一年以下监禁。

（二）未经授权，非法限制广播电视节目或者新闻节目的播出的，依照本条第一款之规定处罚。

（三）公职人员在履行职务期间，犯本条第一款之罪的，处三年以下监禁。

第一百五十条　阻止发布反驳及更正罪

违背法庭最终决定，对于曾经发表过的侵犯他人权利或利益的错误事实或者信息，拒绝或阻止发布声明予以驳斥或更正的，处罚金或者一年以下监禁。

第一百五十一条　阻止公开集会罪

（一）使用暴力、严重威胁、欺骗或其他手段，阻止或妨碍依照法律所举行的公共集会，如果该行为没有构成其他某些严重犯罪的，处罚金或者二年以下监禁，

（二）公职人员在履行职务期间，犯本条第一款之罪的，处三个月以上三年以下监禁。

第一百五十二条 妨碍参加政治、工会组织或者其他联盟及机构罪

蓄意违反法律规定，或者使用其他非法手段，阻止或者妨碍公民参加政治、工会组织或者其他联盟及机构的，或者阻止或者妨碍上述政治、工会组织或者其他联盟及机构开展活动的，处罚金，或者二年以下监禁。

第一百五十三条 针对侵害人类和公民的自由和权利的犯罪的起诉

（一）犯本法第一百三十九条第一款、第一百四十二条第一款及第二款、第一百四十三条第一款及第二款、第一百四十四条第一款、第一百四十五条第一款、第一百四十六条第一款及第二款以及第一百四十七条第一款之罪的，告诉的才处理。

（二）犯本法第一百四十一条、第一百四十九条第一款及第二款、第一百五十条、第一百五十一条第一款以及第一百五十二条第一款之罪的，需依被害人之建议方能提起公诉。

第十五章 侵犯选举的犯罪

第一百五十四条 侵犯竞选权罪

违反法律规定或者使用其他非法手段，阻止或者妨碍公民行使参加竞选权利的，处罚金或者一年以下监禁。

第一百五十五条 侵犯投票权罪

（一）以阻止他人行使投票权为目的，非法使其无法进行投票人登记的，或者将其名字从投票人登记册中删除的，或者以其他非法手段阻止或妨碍行使其投票权利的，处罚金或者一年以下监禁。

（二）使用暴力、胁迫，迫使他人在选举中、弹劾表决中、全民公决中，实施或者不实施其投票权的，或者迫使他人投票反对某一候选人或者议案的，处三个月以上三年以下监禁。

第一百五十六条　在选举活动中提供或者收受贿赂罪

（一）给予、提供或许诺给投票人礼物或其他个人利益，意图引诱该人在选举或者全民公决中，行使或不行使其投票权的，或投票反对某一候选人或者议案的，处罚金或者三年以下监禁。

（二）有投票权者在选举中，向他人索要礼物或其他利益的，或者接受他人礼物或其他利益而意图行使或不行使其投票权，或者投票反对某一候选人或者议案的，依照本条第一款之规定处罚。

（三）选举委员会成员或者负责选举投票事务的公职人员，犯本条第一款之罪的，处三个月以上五年以下监禁。

（四）礼物或者其他利益应当予以没收。

第一百五十七条　滥用选举权罪

（一）在选举和全民公决中，使用他人姓名进行投票的，或者不止一次进行投票的，或者不止一次使用选票的，处罚金或者一年以下监禁。

（二）选举委员会成员或者履行与选举投票方面的职务的人员，犯本条第一款之罪的，处罚金或者二年以下监禁。

第一百五十八条　编纂不准确的投票人名单罪

以影响选举或全民公决的结果为目的，编纂不准确的投票人名单的，处罚金或者三年以下监禁。

第一百五十九条 阻止投票罪

（一）使用暴力、胁迫，或者以其他非法手段阻止他人在投票站投票的，处三年以下监禁。

（二）以扰乱投票站秩序为手段妨碍他人投票，并因此而造成投票活动中断的，处罚金或者二年以下监禁。

第一百六十条 侵犯投票秘密罪

（一）在选举或全民公决中侵犯投票秘密的，处六个月以下监禁。

（二）选举委员会成员或者负责选举投票事务的公职人员，犯本条第一款之罪的，处罚金或者二年以下监禁。

第一百六十一条 投票和选举欺诈罪

选举委员会成员、全民公决委员会成员，或者负责选举投票事务的公职人员，在选举计算时，故意增加或删减选票数额或者得票数额的，或者以其他手段改变选票数额或者得票数额的，或者公布虚假的投票结果的，处罚金或者六个月以上五年以下监禁。

第一百六十二条 破坏选举文件罪

（一）在选举或全民公决中，破坏、毁损、灭失或者隐藏选票或者其他选举文件的，处罚金或者一年以下监禁。

（二）选举委员会成员或者负责选举投票事务的公职人员，犯本条第一款之罪，处三个月以上三年以下监禁。

第十六章　侵犯劳动权利的犯罪

第一百六十三条　侵犯劳动及社会保障权罪

故意违背法律或者其他规章，工会代表工人与资方代表达成的协议，其他劳动权利的基本条例以及保护青少年人、妇女、残疾人工作权利的特殊法律，或者保护劳动者社会保险权利的法律，并因此而剥夺或限制法律所赋予劳动者的特定权利的，处罚金或者两年以下监禁。

第一百六十四条　侵犯雇佣权利以及失业者的权利罪

（一）故意违反法律规章，或者以其他非法手段，剥夺或限制公民在塞尔维亚共和国在同等条件下雇佣自由的权利的，处罚金或者一年以下监禁。

（二）故意违反法律规章，或者失业公民权利保障的基本条例，并因此而剥夺或限制法律所赋予失业者的特定权利的，依照本条第一款之规定处罚。

第一百六十五条　侵犯管理权罪

（一）使用暴力、胁迫，故意违背法律规章，或者以其他非法手段阻止或者妨碍管理机关在工作中的决策制定的，或者阻止或者妨碍管理机关中的成员参与该机关的工作或者决策的，处罚金或者一年以下监禁。

（二）公职人员或者责任人员滥用职权犯本条第一款之罪的，处罚金或者二年以下监禁。

第一百六十六条 侵犯罢工权罪

（一）使用暴力、胁迫，或者以其他非法手段，阻止或者妨碍工人依照法律而组织罢工、参与罢工或者行使其罢工权利的，处罚金或者二年以下监禁。

（二）雇主或者有关公职人员，由于某个或者更多个工人依照法律参与罢工而将其解雇的，或者采取其他措施侵犯其罢工权的，依照本条第一款之规定处罚。

第一百六十七条 滥用罢工权罪

以违反法律或者以其他规章之方式，组织或者领导罢工，并因此而严重危及公众生命健康或具有较大价值财产的安全，或者造成其他严重危害后果，如果滥用罢工行为没有构成其他某些严重犯罪的，处三年以下监禁。

第一百六十八条 滥用社会保障权利罪

诈称患病，或主动导致疾病或无法从事工作，或者以其他非法手段从而获得其依照社会保障方面的法律、规章或基本条例本来根本无法获得的社会保障资格的，处罚金或者一年以下监禁。

第一百六十九条 无视劳动安全保障措施罪

（一）负责实施劳动安全保障措施的责任人员，有意违背劳动保护措施方面的法律、规章或基本条例，并因此而危及工人的生命健康安全的，处罚金或者三年以下监禁。

（二）在对犯罪人宣布缓刑时，法庭可以责令其在法定期间，遵从劳动保护措施方面的规章。

第十七章　侵犯名誉和荣誉的犯罪

第一百七十条　侮辱罪

（一）侮辱他人的，处二十个以上一百个以下的日额罚金，或者四万第纳尔以上二十万第纳尔以下的罚金。

（二）通过报纸、电台、电视台或其他公共媒体，或者在公共集会上犯本条第一款之罪的，处八十个以上二百四十个以下的日额罚金，或者十五万第纳尔以上四十五万第纳尔以下的罚金。

（三）如果被侮辱者也实施了侮辱作为报复的，则法庭可以对双方或者一方免予处罚，也可以处罚双方或者一方。

（四）如果行为人是在科学文学或艺术著作中、在严肃性批评文章中、在履行公务职责中、在新闻职业中、在政治和其他社会活动中，或者基于行使辩护权或者保护合法利益等正当理由，实施了本条第一款至第三款之行为，并且从行为人的行为方式中，或从其他情节中可以推知行为人并不具备蔑视的故意的，则不应对其进行处罚。

第一百七十一条　诽谤罪

（一）述说或散布关于他人的谣言，且足以损害他人荣誉和名誉的，处三十个以上一百二十个以下的日额罚金，或者二万第纳尔以上二十万第纳尔以下的罚金。

（二）通过报纸、电台、电视台或其他公共媒体，或者在公共集会上犯本条第一款之罪的，处六十个以上一百八十个以下的日额罚金，或者三万第纳尔以上三十万第纳尔以下的罚金。

（三）如果因为述说或者散布谣言，而给被害人造成严重危害后果的，处六十个以上一百八十个以下的日额罚金，或者三万第纳尔以上三十万第纳尔以下的罚金。

第一百七十二条　散布个人或家庭信息罪

（一）述说或散布他人或其家庭生活信息，且足以损害他人名誉或荣誉的，处罚金或者六个月以下监禁。

（二）通过报纸，电台，电视台或其他公共媒体或在公共集会上犯本条第一款之罪的，处罚金或者一年以下监禁。

（三）如果因为述说或散布他人或其家庭生活情况，而给被害人造成严重危害后果的，处三年以下监禁。

（四）行为人在履行公务职责中、在新闻职业中、在政治和其他社会活动中，或者基于行使辩护权或者保护合法利益等正当理由，散布了他人或其家庭生活情况，如果行为人能够证实其所散布的信息具有真实性的，或者如果行为人能证明，其有正当理由相信其所散布的信息具有真实性的，则不应对其进行处罚。

（五）除了出现本条第四款之情况以外，行为人所述说或散布的他人或其家庭信息的真实性或虚假性，对定罪没有影响。

第一百七十三条　冒犯塞尔维亚共和国名誉罪

公开对塞尔维亚共和国及其旗帜、国徽或国歌进行恶意嘲弄的，处罚金或者三个月以下监禁。

第一百七十四条　冒犯塞尔维亚共和国人民、民族、种族名誉罪

公开对塞尔维亚共和国人民和在塞尔维亚共和国生活的某一民族或种族群体进行恶意嘲弄的，处罚金或者三个月以下监禁。

第一百七十五条　冒犯外国及国际组织名誉罪

（一）公开对某一外国国家及其旗帜、国徽或国歌进行恶意嘲弄的，处罚金或者三个月以下监禁。

（二）公开对联合国、国际红十字会以及其他塞尔维亚参加的有关国际组织进行恶意嘲弄的，依照本条第一款之规定处罚。

第一百七十六条　本法第一百七十三条至第一百七十五条的免责事项

如果行为人是在科学文学或艺术著作中、在严肃性批评文章中、在履行公务职责中、在新闻职业中、在政治和其他社会活动中，或者基于行使辩护权或者保护合法利益等正当理由，实施了本法第一百七十三条至第一百七十五条之行为，并且从行为人的行为方式中，或从其他情节中可以推知，行为人并不具备蔑视的故意的以及如果行为人能够证实其所散布的信息具有真实性，或者如果行为人能证明，其有正当理由相信其所散布的信息具有真实性，则不应对其进行处罚。

第一百七十七条　对侵犯名誉和荣誉的犯罪的起诉

（一）犯本法第一百七十条至第一百七十二条之罪的，告诉的才处理。

（二）如果针对死者犯本法第一百七十条至第一百七十二条之罪的，应当由死者的配偶、和死者共同生活的人，或者死者的直系血亲、养父母、养子女或兄弟姐妹提起告诉。

（三）犯本条第一百七十五之罪的，需依照相关国家或者国际组织之建议方能提起公诉。

第十八章 性犯罪

第一百七十八条 强奸罪

（一）使用暴力，或以直接攻击他人或攻击与他人有亲密关系的第三人的生命或身体为胁迫，强行与他人性交或者强行与其实施其他类似性行为的，处三年以上十二年以下监禁。

（二）以揭发他人或与他人有亲密关系的第三人之相关信息为胁迫，并且该揭发行为可能会损害他人或者第三人荣誉及名声，或以其他非常邪恶之手段为胁迫，犯本条第一款之罪的，处二年以上十年以下监禁。

（三）犯本条第一款及第二款之罪，并因此而造成被害人严重身体伤害的、或者轮奸被害人的，或手段特别残忍及卑劣的，或者被害人是青少年人的，或者造成被害人怀孕的，处五年以上十五年以下监禁。

（四）犯本条第一款及第二款之罪，并因此而造成被害人死亡的，或者被害人是儿童的，处十年以上监禁。

第一百七十九条 与残弱无助者性交罪

（一）利用被害人的精神疾病、心智迟滞、精神失调、残疾，或者其他使被害人丧失反抗能力的病症，强行与被害人性交或者强行与其实施其他类似性行为的，处二年以上十年以下监禁。

（二）犯本条第一款之罪，并因此而造成被害人严重身体伤害的，或者数人与被害人性交的，或手段特别残忍及卑劣的，或者被害人是青少年人的，或者造成被害人怀孕的，处五年以上十五年以下监禁。

（三）犯本条第一款及第二款之罪，并因此而造成被害人死亡的，或者被害人是儿童的，处十年以上监禁。

第一百八十条　与儿童性交罪

（一）与儿童实施性交或其他类似性行为的，处三年以上十二年以下监禁。

（二）犯本条第一款之罪，并因此而造成被害儿童严重身体伤害的，或者数人与被害儿童性交的，或者造成被害儿童怀孕的，处五年以上十五年以下监禁。

（三）犯本条第一款及第二款之罪，并因此而造成被害儿童死亡的，处十年以上监禁。

（四）如果实施本条第一款之行为者，其心理或身体发育情况和被害儿童之间没有本质区别的，则不应被处罚。

第一百八十一条　利用地位优势进行性交罪

（一）行为人利用其优势地位，引诱下属人员或者依附于自己的人员，同其进行性交或者实施其他类似性行为的，处三个月以上三年以下监禁。

（二）教师、教育工作者、养父母、继父母或其他人，因接受委托而对某一青少年人在学习、教育、监护或照顾方面负有义务，并利用其地位，同该青少年人进行性交或者实施其他类似性行为的，处一年以上十年以下监禁。

（三）针对儿童犯本条第二款之罪的，处三年以上十二年以下监禁。

（四）犯本条第一款至第三款之罪，并因此而导致被害人怀孕的，犯第一款之罪的，处六个月以上五年以下监禁；犯第二款之罪的，处二年以上十二年以下监禁；犯第三款之罪的，处三年以上十五年以下监禁。

（五）犯本条第三款之罪，并因此而导致被害儿童死亡的，处十年以上监禁。

第一百八十二条 实施被禁止的性行为罪

（一）在本法第一百七十八条第一款及第二款，第一百七十九条第一款以及第一百八十一条第一款至第三款所规定的情况下，实施其他性行为的，处罚金，或者三年以下监禁。

（二）在本法第一百八十条第一款所规定的情况下，实施其他性行为的，处六个月以上五年以下监禁。

（三）犯本条第一款及第二款之罪，并因此而造成被害人严重身体伤害的，或者数人针对被害人实施该犯罪的，或者手段特别残忍或者卑鄙的，处二年以上十年以下监禁。

（四）犯本条第一款及第二款之罪，并因此而造成被害人死亡的，处五年以上监禁。

第一百八十三条 介绍以及促成与未成年人性交罪

（一）介绍他人与未成年人实施性交、其他类似性行为或者其他性行为的，处一年以上八年以下监禁，并处罚金。

（二）促成他人与未成年人实施性交、其他类似性行为或者其他性行为的，处六个月以上五年以下监禁，并处罚金。

第一百八十四条 中介卖淫罪

（一）导致或者引诱他人实施卖淫活动的，或者为卖淫为目的而将他人转送给某人的，或者借助媒体或者以其他方式为卖淫做宣传或者做广告的，处六个月以上五年以下监禁，并处罚金。

（二）针对未成年人犯本条第一款之罪的，处一年以上十年以下监禁，并处罚金。

第一百八十五条　展示、获取及持有色情材料及未成年人色情图片罪

（一）向未成年人出售、显露、公开展示或以其他方式使未成年人能够接触到含有色情内容的文档、图片、声像资料或其他物品的，或让其观看色情表演的，处罚金，或者六个月以下监禁。

（二）利用未成年人制作含有色情内容的文档、图片、声像资料或其他物品的，或者利用未成年人进行色情表演的，处六个月以上五年以下监禁。

（三）针对儿童犯本条第一款及第二款之罪的，处一年以上八年以下监禁。

（四）持有、出售、显露、公开展示、为自己或者他人获取，或者以其他方式获取包含未成年人色情内容的图片、声像资料或者其他物品的，处三个月以上三年以下监禁。

（五）本条第一款至第四款之物品，应当予以没收。

第一百八十五条 - a　引诱未成年人实施性行为罪

（一）引诱未成年人参与强奸、其他类似性行为，或者其他性行为的，处六个月以上五年以下监禁，并处罚金。

（二）在犯本条第一款之罪时，使用暴力或者胁迫的，或者针对儿童犯本条第一款之罪的，处一年以上八年以下监禁。

第一百八十五条 - b　滥用计算机网络或者其他通讯技术手段侵犯未成年人性自由罪

（一）以实施本法第一百七十八条第四款、第一百七十九条第三款、第一百八十条第一款及第二款、第一百八十一条第二款及第三款、第一百八十二条第一款、第一百八十三条第二款、第一百八十四条第三款、第一百八十五条第二款及第一百八十五条－a之罪为目的，使用计算机网络或者其他通讯技术手段，进行预约或者出现在预约地点的，处六个月以上五年以下监禁，并处罚金。

（二）针对儿童犯本条第一款之罪的，处一年以上八年以下监禁。

第一百八十六条　针对性犯罪的起诉

犯本法第一百八十二条之罪以及针对配偶犯本法第一百七十八条及第一百七十九条之罪的，需依被害人之建议方能提起公诉。

第十九章　侵犯婚姻及家庭关系的犯罪

第一百八十七条　重婚罪

（一）已经结婚，又与其他人结婚的，处罚金或者二年以下监禁。

（二）明知对方已经结婚，而与之结婚的，依照本条第一款之规定处罚。

第一百八十八条　废止

第一百八十九条　废止

第一百九十条　与未成年人同居罪

（一）成年人与未成年人同居的，处三年以下监禁。

（二）未成年人的父母、养父母，或其监护人促成未成年人与他人同居的，或诱使其与他人同居的，依照本条第一款之规定处罚。

（三）以牟利为目的犯本条第二款之罪的，处六个月以上五年以下监禁。

（四）如果成年人已经同未成年人结婚的，则不应提起公诉。如果已经提起公诉的，则应及时撤诉。

第一百九十一条　拐骗未成年人罪

（一）非法扣留或者拐骗未成年人脱离其父母、养父母、监护人或接受委托照顾未成年人的机构或人员的控制的，或使业已生效的由某一特定人员对未成年人实施指定监护的决定无法得以实施的，处罚金或者三年以下监禁。

（二）阻止有关主管机关所做出的，以某一特定方式来维持未成年人和其父母或亲属之间个人关系的相关决定的实施的，处罚金或者二年以下监禁。

（三）如果以牟利为目的或出于其他卑劣动机而犯本条第一款之罪的，或者对未成年人的健康、成长、生活或教育造成严重危害后果的，处六个月以上五年以下监禁。

（四）犯本条第一款及第三款之罪的犯罪人，出于自愿将未成年人移交给担负照顾未成年人职责的机构或人员，或使业已生效的指定监护未成年人的决定得以实施的，可免予处罚。

（五）法庭如果对犯本条第一款至第三款之罪的犯罪人做出缓刑宣告，法庭可以命令犯罪人在指定的时间内将未成年人移交给担负照顾未成年人职责的机构或人员，或使对未成年人实施指定监护的决定得以实施，或者使有关主管机关所做出的，以某一特定方式来维持未成年人和其父母或亲属之间个人关系的相关决定得以实施。

第一百九十二条 改变家庭身份罪①

（一）采用调换、代替，或以其他方式，改变儿童的合法家庭身份的，处六个月以上五年以下监禁。

（二）过失犯本条第一款之罪的，处三个月以下监禁。

第一百九十三条 疏于照顾及虐待未成年人罪

（一）父母、养父母、监护人或其他人，严重懈怠其应承担的照顾及养育未成年人之职责的，处三年以下监禁。

（二）父母、养父母、监护人或其他人，虐待未成年人的，或者强迫未成年人从事与其年纪不相符之工作的，或者以牟利为目的，引诱未成年人实施其他有害其身心发展的活动的，处三个月以上五年以下监禁。

第一百九十四条 家庭暴力罪

（一）使用暴力，或者威胁实施人身攻击，或者实施粗鲁的残忍的行为，并因此而严重危及其家庭成员的安宁、身体健康或者精神情绪的，处三个月以上三年以下监禁。

（二）犯本条第一款之罪时，使用武器、危险器具，或者容易造成严重身体伤害或者严重健康损害的器具的，处六个月以上五年以下监禁。

（三）犯本条第一款及第二款之罪，并因此而造成被害的家

① 该罪和中国刑法中的为拐卖儿童或以收养为目的实施的盗窃婴儿有所不同。在本罪中，犯罪人多利用婴儿没有形成稳定的记忆，而用其他婴儿调换该婴儿，使其脱离先前的家庭，而致使其民事法律身份或地位发生变化，其犯罪目的多为通过篡夺受害婴儿的民事法律地位，使其他婴儿获取良好的家庭环境或财产继承权。中国刑法中并未规定此种犯罪，但是越南刑法典第一百四十九条、保加利亚刑法典第一百八十四条、科索沃地区刑法典第二百零九条、俄罗斯联邦刑法典第一百五十一条、菲律宾刑法典第三百四十七条、蒙古国刑法典第一百一十六条、德国刑法典第一百六十九条、斯洛文尼亚刑法典第二百一十一条、马其顿共和国刑法典第一百九十九条及克罗地亚刑法典第二百一十一条均对此类行为有明确具体之处罚规定。

庭成员严重身体伤害或者严重健康损害的，或者被害的家庭成员是未成年人的，处二年以上十年以下监禁。

（四）犯本条第一款及第二款之罪，并因此而造成被害的家庭成员死亡的，处三年以上十五年以下监禁。

（五）违反法庭依照法律所做出的，旨在防范家庭暴力的某些措施的，处三个月以上三年以下监禁，并处罚金。

第一百九十五条　拒不支付抚养费罪

（一）行为人拒不向其有义务抚养的人支付法庭生效判决或法庭最终调解或者有关主管机关所确定的抚养费的，处罚金或者二年以下监禁。

（二）就本条第一款中的行为人而言，如果其有正当理由而不能支付抚养费的，则不能予以处罚。

（三）犯本条第一款之罪，并因此而对被抚养人造成严重危害后果的，处三个月以上三年以下监禁。

（四）如果法庭对犯罪人宣告了缓刑，法庭应当命令犯罪人对其所应承担之义务做出周密安排，并在将来按期支付抚养费。

第一百九十六条　违反家庭义务罪

（一）严重违反法定家庭义务，致使没有自我照顾能力的家庭成员处于危险境地的，处三个月以上三年以下监禁。

（二）犯本条第一款之罪，并因此而造成其家庭成员严重健康损害的，处一年以上五年以下监禁。

（三）犯本条第一款之罪，并因此而造成其家庭成员死亡的，处一年以上八年以下监禁。

（四）如果法庭对犯本条第一款及第二款之罪的犯罪人宣告缓刑，法庭可以命令其如期有序地履行其法定家庭义务。

第一百九十七条 乱伦罪

成年人同其未成年直系后代血亲，或者其未成年弟妹实施性交或者其他类似性行为的，处六个月以上五年以下监禁。

第二十章 侵犯知识产权的犯罪

第一百九十八条 侵犯作者或者表演者的版权罪

（一）以自己名义，或以第三人名义，出版、发行他人已经享有版权的著作或者表演的拷贝的，或者以其他方式，部分或者完整公开赠送他人已经享有版权的著作或者表演的拷贝的，处罚金或者三年以下监禁。

（二）未经作者许可，更改或者改编他人享有版权的著作的，或者他人已经被录制的表演的，处罚金或者一年以下监禁。

（三）以某种侮辱作者或者表演者名誉或者荣誉的方式，发行他人已经享有版权的著作或者表演的复制品的，处罚金或者六个月以下监禁。

（四）本条第一款至第三款中的物品，应当予以没收。

（五）犯本条第二款之罪的，需依被害人之建议方能提起公诉；犯本条第三款之罪的，告诉的才处理。

第一百九十九条 未经授权使用他人享有版权的或者邻接权的作品罪

（一）未经许可，出版、录制、拷贝、或者以其他方式，部分或者完整公开赠送他人已经享有版权的著作、表演、唱片、影碟、展览、计算机程序或者计算机数据的，处罚金或者三年以下监禁。

（二）发行，或者以发行为目的而持有被大量非法复制的他人已经享有版权的著作、表演、唱片、影碟、展览、计算机程序或者计算机数据的，依照本条第一款之规定处罚。

（三）以为自己或者第三人非法牟利为目的，犯本条第一款及第二款之罪的，处六个月以上五年以下监禁。

（四）生产、进口、发行、出售、出租、做广告而意图出售或出租，或者为商业目的而持有某种工具或设备，而该工具或设备的首要或者重要用途在于其能够非法消除或者破解用于保护版权或者邻接权的某种技术手段，或者以侵犯版权或者邻接权为目的，使他人能够使用或者利用该种工具或设备的，处罚金或者三年以下监禁。

（五）本条第一款至第四款中的物品，应当予以没收。

第二百条　未经授权删除或者改变版权或者邻接权中的电子信息罪

（一）未经授权，删除或者改变版权或者邻接权中的电子信息的，或者发行、进口、出口、播出，或者以其他方式公开赠送受到版权或者邻接权保护的，但却未经授权而被删除或者改变该版权或者邻接权中的电子信息的作品的，处三年以下监禁，并处罚金。

（二）本条第一款中的物品，应当予以没收。

第二百零一条　侵犯专利权罪

（一）未经专利权人授权，对受到专利权保护的产品或者程序而予以生产、进口、出口、为发行而提供、发行、存储，或者出于商业目的而予以使用的，处罚金或者三年以下监禁。

（二）犯本条第一款及第二款之罪，并因此而获利所得超过一百万第纳尔的，或者给他人造成一百万第纳尔的财产损失的，处一年以上八年以下监禁。

（三）未经专利研发人的授权，在该专利依照法定程序而被公布之前，公布或者以其他方式公开展现专利研发人的所申请的专利的实质内容的，处罚金或者二年以下监禁。

（四）未经专利研发人的授权，提交专利申请的，或者在专利申请书中没有标明或者虚假标明专利研发人姓名的，处六个月以上五年以下监禁。

（五）本条第一款及第二款中的物品，应当予以没收并销毁。

第二百零二条　未经授权使用他人设计罪

（一）行为人未经设计人授权，在自己产品中使用正在申请设计权的设计或者已经受法律保护的设计的，处罚金或者三年以下监禁。

（二）行为人未经设计人授权，在该设计依照法定程序而被公布之前，公布或者以其他方式公开展现该设计的实质内容的，处罚金或者一年以下监禁。

（三）本条第一款中的物品，应当予以没收。

第二十一章　侵犯财产的犯罪

第二百零三条　盗窃罪

（一）以为自己或者第三人非法占有财物为目的，窃取他人可移动之财物的，处罚金或者三年以下监禁。

（二）犯本条第一款之罪的，处罚未遂。

第二百零四条　加重盗窃罪

（一）犯盗窃罪（本法第二百零三条）时，如果以下列方式实施盗窃的，处一年以下八年以上监禁：

1. 使用暴力，或者破门而入在封闭的公寓、房屋、保险柜、储物间或者其他封闭的空间中实施的，或者排除机械或电子装置，或者以其他方式克服较大障碍而实施的；

2. 数人共同实施的；

3. 以特别危险或者鲁莽之方式实施的；

4. 为攻击或防御，携带武器或危险器具而实施的；

5. 在火灾，洪灾、地震及相似灾害发生时实施的；

6. 利用他人残弱无助状态实施的，或乘人之危而实施的。

（二）如果被盗物品的价值超过四十五万第纳尔的，或者被盗物品具有文化或自然价值的，依照本条第一款之规定处罚。

（三）如果被盗物品的价值超过一百万第纳尔的，处二年以上十年以下监禁。

第二百零五条　重大盗窃罪

（一）在实施盗窃行为（本法第二百零三条）而被抓捕过程中，使用暴力或以直接攻击他人生命或身体为胁迫，窝藏赃物的，处一年以上十年以下监禁。

（二）如果被盗物品的价值超过一百五十万第纳尔的，处二年以上十二年以下监禁。

（三）以犯罪团伙形式犯本条第一款之罪的，或者在犯本条第一款罪时中故意造成被害人严重身体伤害的，处三年以上十五年以下监禁。

（四）以有组织犯罪集团形式犯本条第一款之罪的，处五年以上监禁。

第二百零六条 抢劫罪

（一）以为自己或者第三人非法占有财物为目的，使用暴力或以直接攻击他人生命或身体为胁迫，劫取他人可移动财物的，处二年以上十年以下监禁。

（二）以犯罪团伙形式犯本条第一款之罪的，或者在犯本条第一款罪时故意造成被害人严重身体伤害的，或者如果被劫取物品的价值超过一百五十万第纳尔的，处三年以上十五年以下监禁。

（三）以有组织犯罪集团形式犯本条第一款之罪的，处五年以上监禁。

（四）犯本条第一款之罪时，如果行为人以占有价值较小的财物为目的，并且被劫取物品的价值低于一万五千第纳尔的，处三年以下监禁。

（五）犯本条第四款之罪的，处罚未遂。

第二百零七条 侵占罪

（一）以为自己或者第三人非法占有财物为目的，侵占受他人委托而代为保管的动产的，处二年以下监禁，并处罚金。

（二）保管员犯本条第一款之罪的，处三个月以上三年以下监禁，并处罚金。

（三）如果被侵占物品的价值超过四十五万第纳尔的，处六个月年以上五年以下监禁，并处罚金。

（四）如果被侵占物品的价值超过一百五十万第纳尔的，处一年以上八年以下监禁，并处罚金。

（五）以为自己或者第三人非法占有为目的，侵占在事故中所发现的或所获取的他人可移动财物的，处罚金，或一年以下监禁。

（六）犯本条第一款、第三款及第四款之罪，如果被侵占的财产属于公民个人所有的，告诉的才处理。

第二百零八条　诈骗罪

（一）以为自己或者第三人非法占有财物为目的，以虚构事实或隐瞒真相的手段欺诈他人，或使他人处于被欺骗状态，并因此而诱使其实施或不实施某种行为，从而导致被欺诈人或其他人财产损失的，处六个月以上五年以下监禁，并处罚金。①

（二）以给他人造成财产损失为目的犯本条第一款之罪的，处六个月以下监禁并处罚金。

（三）犯本条第一款及第二款之罪，并因此而获利超过四十五万第纳尔的，或者给被害人造成超过四十五万第纳尔的财产损失的，处一年以上八年以下监禁并处罚金。

（四）犯本条第一款及第二款之罪，并因此而获利超过一百五十万第纳尔的，或者给被害人造成超过一百五十万第纳尔的财产损失的，处二年以上十年以下监禁并处罚金。

第二百零八条－a　保险诈骗罪

（一）以为自己或者第三人非法占有财物为目的，以虚构事实或隐瞒真相的手段，在保险业务方面提供虚假建议、虚假陈述、虚假评估，填写虚假文件欺骗他人的，或者使他人处于被欺骗状态，并因此而诱使其实施或不实施某种行为，从而导致被欺诈人或其他人财产损失的，处六个月以上五年以下监禁，并处罚金。

---

① 导致其他人财产损失的，系指三角诈骗行为。

（二）以给他人造成财产损失为目的犯本条第一款之罪的，处罚金，或者六个月以下监禁并处罚金。

（三）犯本条第一款及第二款之罪，并因此而获利超过四十五万第纳尔的，或者给被害人造成超过四十五万第纳尔的财产损失的，处一年以上八年以下监禁并处罚金。

（四）犯本条第一款及第二款之罪，并因此而获利超过一百五十万第纳尔的，或者给被害人造成超过一百五十万第纳尔的财产损失的，处二年以上十年以下监禁并处罚金。

第二百零九条　以虚假理由获得并使用信贷或者其他利益罪

（一）以虚构事实或者隐瞒真相的手段，本来并不符合相关要求，而为自己或者第三人获取信贷、津贴或者其他利益的，处罚金或者二年以下监禁。

（二）没有按照颁发信贷、津贴或者其他利益时所规定的用途而使用信贷、津贴或者其他利益的，处罚金或者一年以下监禁。

（三）某一事业单位或者商业组织中的责任人员，为了本事业单位或者商业组织而获得本条第一款中的信贷、津贴或者其他利益的，依照本条第一款之规定处罚；如果为了本事业单位或者商业组织，没有按照颁发信贷、津贴或者其他利益时所规定的用途而使用信贷、津贴或者其他利益的，依照本条第二款之规定处罚。

第二百一十条　轻微盗窃、侵占及诈骗罪

（一）实施轻微盗窃、侵占及诈骗行为的，处罚金或者六个月以下监禁。

（二）如果行为人以占有价值较小的财物或者以造成较小财产损失为目的，并且所窃取的，或者所侵占的，或者所诈骗的财物价值，或者所造成的财产损失不超过一万五千第纳尔的，则属于轻微盗窃、侵占及诈骗。

（三）针对公民私有财产犯本条第一款之罪的，告诉的才处理。

第二百一十一条　盗用他人财物罪

（一）没有非法占有他人财物之目的，意图使用他人可移动财物而占有该财物的，处罚金或者六个月以下监禁。

（二）如果所盗用的财物的价值超过一百五十万第纳尔的，或者具有文化价值的，处三个月以上三年以下监禁并处罚金。

（三）针对公民私有财产犯本条第一款及第二款之罪的，告诉的才处理。

第二百一十二条　破坏、毁损他人财物罪

（一）毁损、破坏，或以其他方式使得他人财物丧失使用功能的，处罚金或六个月以下监禁。

（二）犯本条第一款之罪，并因此而导致超过四十五万第纳尔的财产损失的，处罚金或者二年以下监禁。

（三）犯本条第一款之罪，并因此而导致超过一百五十万第纳尔的财产损失的，或者被破坏毁损的财物具有文化价值或者属于环境法保护的不可移动的物品的，处六个月以上五年以下监禁。

（四）针对公民私有财产犯本条第一款、第二款及第三款之罪的，告诉的才处理。

第二百一十三条　未经许可使用他人机动车罪

（一）未经权利人许可，使用其机动车的，处罚金或者三年以下监禁。

（二）使用暴力强行进入机动车并使用机动车的，或者对权利人使用暴力或者胁迫并使用其机动车的，处六个月以上五年以下监禁，并处罚金。

（三）犯本条第一款之罪的，处罚未遂。

第二百一十四条 强求逼取罪

（一）以为自己或第三人非法占有财物为目的，使用暴力或胁迫，强迫被害人实施或不实施某种行为，并因此而损害被害人或者其他人的财产的，处一年以上八年以下监禁。

（二）犯本条第一款之罪，并因此而获得物质利益超过四十五万第纳尔的，处三年以上十年以下监禁。

（三）犯本条第一款之罪，并因此而获得物质利益超过一百五十万第纳尔的，处三年以上十二年以下监禁。

（四）习惯性犯本条第一款至第三款之罪的，或者以犯罪团伙形式犯本条第一款至第三款之罪的，处五年以上十五年以下监禁。

（五）以有组织犯罪集团形式犯本条第一款至第三款之罪的，处五年以上监禁。

第二百一十五条 敲诈勒索罪

（一）以为自己或第三人非法占有财物为目的，威胁向外界披露被害人或被害人的近亲友的能够损害被害人或其近亲友的荣誉或名誉的相关情况，并因此而迫使被害人实施或不实施某种行为，从而损害被害人或其他人财产的，处六个月以上五年以下监禁。

（二）犯本条第一款之罪，并因此而获得物质利益超过四十五万第纳尔的，处一年以上八年以下监禁。

（三）犯本条第一款之罪，并因此而获得物质利益超过一百五十万第纳尔的，处二年以上十年以下监禁。

（四）习惯性犯本条第一款至第三款之罪的，或者以犯罪团伙形式犯本条第一款至第三款之罪的，处三年以上十二年以下监禁。

（五）以有组织犯罪集团形式犯本条第一款至第三款之罪的，处五年以上十五年以下监禁。

第二百一十六条　滥用委托权罪

（一）行为人接受委托人之委托而管理委托人之物质利益，但却以为自己或者第三人获取物质利益或给委托人造成财产损失为目的滥用委托权的，处罚金或三年以下监禁。

（二）犯本条第一款之罪，并因此而获得物质利益超过四十五万第纳尔的，处一年以上六年以下监禁。

（三）犯本条第一款之罪，并因此而获得物质利益超过一百五十万第纳尔的，处一年以上八年以下监禁。

（四）监护人、律师犯本条第一款之罪的，处六个月以上五年以下监禁；犯本条第二款之罪的，处一年以上八年以下监禁；犯本条第三款之罪的，处二年以上十年以下监禁。

第二百一十七条　发放高利贷罪

（一）行为人利用他人的经济窘迫、处境艰难、贫穷、轻率，或者缺乏判断能力等不利条件，在向他人提供贷款或者其他可消费类物品时，收取明显过于高昂的物质利益的，处三年以下监禁，并处罚金。

（二）犯本条第一款之罪，并因此而获得物质利益超过四十五万第纳尔的，或者给被害人造成严重危害后果的，处六个月以上五年以下监禁并处罚金。

（三）犯本条第一款之罪，并因此而获得物质利益超过一百五十万第纳尔的，或者以犯罪团伙形式犯本条第一款之罪的，处一年以上八年以下监禁，并处罚金。

（四）犯本条第一款之罪的，告诉的才处理。

第二百一十八条 擅自占据他人土地罪

（一）非法占据他人土地的，处罚金或者三年以下监禁。

（二）如果被非法占据的土地中包括受保护的森林、国家公园，或者其他具有某种特殊用途的土地的，处六个月以上五年以下监禁。

（三）犯本条第一款之罪的，需依照被害人之建议才能提起公诉。

第二百一十九条 非法占据他人建筑罪

（一）非法占据他人的房屋、公寓，商业或者其他用途的场所的，处罚金或者二年以下监禁。

（二）如果法庭对犯罪人宣告缓刑，则法庭应当责令犯罪人在指定的期限内撤出并腾空被非法占据的建筑。

（三）犯本条第一款之罪的，需依照被害人之建议才能提起公诉。

第二百一十九条－a 非法建设罪

（一）建筑承包商或者法人中的责任人员，没有取得建设施工许可文件，进行施工建设或者对现有建筑进行改建的，处六个月以上五年以下监禁并处罚金。

（二）建筑投资商或者某一进行建筑投资的法人中的责任人员，没有取得建设施工许可文件，进行施工建设的，处六个月以上五年以下监禁并处罚金。

（三）犯本条第一款及第二款之罪时，已经接到暂停施工的命令，但仍然继续施工的，处一年以上八年以下监禁。

（四）负责建筑设计的人员，或者负责施工技术监理的人员，违反有关法律法规，在没有进行评估的情况下出具施工监理最终报告的，或者声称某一重要工程项目是按照规划许可证的要求进行建设施工的，处三个月以上五年以下监禁并处罚金。

第二百一十九条－b　非法为建筑工地联通技术性基础设施罪

某一法人中的责任人员，违反建筑施工的相关法律法规，未经有关主管部门许可，为某一建筑工地联通电力、供水、排水、道路、通讯等基础设施的、或者允许进行上述联通的，处三个月以上三年以下监禁。

第二百二十条　妨碍他人行使权利罪

（一）以阻止他人行使其对某财物的权利为目的，而对属于自己，但已经被抵押给他人的财物，或者他人依法享有用益物权的财物进行变卖、破坏、毁损的，或者将其取走，并因此而给他人造成损失的，处罚金或者一年以下监禁。

（二）在执行程序中，以阻止债权人之债权获得清偿为目的，而对属于自己的部分财物进行变卖、破坏、毁损，或者隐藏，并因此而给债权人造成损失的，依照本条第一款之规定处罚。

（三）针对公民私有财产犯本条第一款及第二款之罪的，告诉的才处理。

第二百二十一条　窝藏赃物罪

（一）明知是赃物，或明知是通过贩卖或交易的而获取之赃物，而对该赃物予以隐藏、销售、购买、接收典当，或者以其他方式接收的，处罚金，或者三年以下监禁。同时，窝藏赃物罪所判处之刑罚不得超过获取该赃物的犯罪所应判处之刑罚。

（二）犯本条第一款之罪时，可能知道或者应当知道某一物品是赃物的，处罚金或者一年以下监禁。

（三）可能知道或者应当知道某一物品是赃物，但以为自己或第三人牟取非法利益为目的，在归还该赃物时索要报酬，如果该行为并不构成其他更严重犯罪的，处二年以下监禁并处罚金。

（四）习惯性犯本条第一款至第三款之罪的，或者以犯罪团伙形式犯本条第一款至第三款之罪的，或者所窝藏之赃物具有特殊或者重要文化价值的，处六个月以上五年以下监禁。

第二百二十一条－a　未经批准将具有文化价值的物品带往境外罪

（一）未经有关主管部门批准，将具有文化价值的物品或者受到特殊保护的物品带往境外或者出口到境外的，处六个月以上五年以下监禁。

（二）针对具有特殊或者重要文化价值之物品犯本条第一款之罪的，处一年以上八年以下监禁。

第二百二十二条　对被害人是近亲属的犯罪之起诉

如果针对其配偶、直系血亲、兄弟姐妹、养父母、养子女，或针对与其在同一住所中共同生活的人犯本法第二百零三条、第二百零四条、第二百零八条、第二百一十三条、第二百一十六条第一款至第三款、第二百二十一条之罪，告诉的才处理。

第二十二章　侵犯经济利益的犯罪

第二百二十三条　伪造货币罪

（一）以将伪造或变造的货币作为真币投放流通领域而使用为目的，伪造或变造货币的，或在流通领域中使用上述伪造或变造的货币的，处二年以上十二年以下监禁并处罚金。

（二）以将上述伪造或变造的货币作为真币在流通领域中使用为目的，获取伪造或变造的货币的，处一年以上十年以下监禁并处罚金。

（三）犯本条第一款及第二款之罪，如果所伪造、变造、使用或者所获取的伪造或变造的本国货币或者国外货币的面值超过一百五十万第纳尔的，处五年以上十五年以下监禁并处罚金。

（四）明知自己错误收取了伪造或变造的货币而又对其使用的，或明知他人伪造或变造货币，或明知伪造或变造的货币在流通领域中使用，而不向有关机构报告的，处三年以下监禁。

（五）伪造或变造的货币，应当予以没收。

第二百二十四条　伪造证券罪

（一）以将伪造或变造的证券作为真实证券而使用或者以将伪造或变造的证券提供给他人使用为目的，伪造证券或变造证券，或者将明知是伪造或变造的证券作为真实证券而使用的，或者以将上述伪造或变造的证券作为真实证券在流通领域中使用为目的获取伪造或变造的证券的，处一年以上八年以下监禁并处罚金。

（二）如果本条第一款中的所涉及证券总面值超过一百五十万第纳尔的，处二年以上十二年以下监禁并处罚金。

（三）明知自己错误收取了伪造或变造的证券而又对其使用的，处三年以下监禁并处罚金。

（四）伪造或变造的证券，应当予以没收。

第二百二十五条　伪造并使用信用卡罪

（一）以将伪造或变造的信用卡作为真信用卡投放流通领域而使用为目的，伪造或变造信用卡的，或在流通领域中使用上述伪造或变造的信用卡的，处六个月年以上五年以下监禁并处罚金。

（二）犯本条第一款之罪，并从中非法获取物质利益的，处一年以上八年以下监禁并处罚金。

（三）犯本条第一款之罪，并从中非法获取物质利益超过一百五十万第纳尔的，处二年以上十二年以下监禁并处罚金。

（四）未经授权利用他人的信用卡实施犯罪的，依照本条第一款至第三款之规定处罚。

（五）以将伪造或变造的信用卡作为真信用卡在流通领域中使用为目的，获取伪造或变造信用卡，或者获取信用卡中的相关信息的，处三年以下监禁。

（六）伪造或变造的信用卡，应当予以没收。

第二百二十六条　伪造有价标识罪

（一）以将虚假有价标识作为真实有价标识而使用为目的，或以将该虚假有价标识交由他人使用为目的，伪造或变造有价标识的，或将该虚假有价标识作为真实有价标识而使用的，或获取虚假有价标识而意图使用的，处三年以下监禁。

（二）犯本条第一款之罪，如果所伪造、变造、使用或者所获取的伪造或变造的有价标识的面值超过一百五十万第纳尔的，处一年以上八年以下监禁。

（三）移除用于盖销有价标识的戳记，或以其他方式掩饰其已经使用过的迹象的，或将已经使用过的标识仍然充当有效标识而予以使用或出卖的，处罚金或者一年以下监禁。

（四）虚假的有价标识，应当予以没收。

第二百二十七条　制造、获取、出卖或者提供用于制伪的工具罪

（一）制造、获取、出卖或者提供用于伪造货币或者证券所需要之工具的，处六个月以上五年以下监禁并处罚金。

（二）制造、获取、出卖或者提供用于伪造信用卡或者有价标识所需要之工具的，处三年以下监禁。

（三）本条第一款及第二款中的犯罪工具，应当予以没收。

第二百二十八条　出具空头支票及使用空头信用卡罪

（一）明知某一信用卡没有资金保证而予以使用，或者在法定期限内没有对某一信用卡存入款项但却使用该信用卡，并因此而为自己或者他人非法获取物质利益超过一万第纳尔的，处罚金或者三年以下监禁。

（二）明知某一银行支票、汇票、付款凭证、担保单，或者其他形式的支付凭证或者担保凭证并没有任何资金保证，但却予以出具或者使用，并因此而为自己或者他人非法获取物质利益超过一万第纳尔的，依照本条第一款之规定处罚。

（三）犯本条第一款及第二款之罪，并因此而获得物质利益超过一百万第纳尔的，处一年以上十年以下监禁。

第二百二十九条 逃税罪

（一）以逃避履行缴纳全部或部分税款、特别税金、或其他法定义务为目的，故意提供其收入情况以及能够影响估算其应纳税金额的相关物件或事实方面的虚假信息，或出于同样的故意在强制税收申报的场合（责令限期纳税申报）拒不就其收入情况以及能够影响估算其应纳税金额的相关物件或事实的信息向税务机关申报，且其逃税金额超过十五万第纳尔的，处六个月以上五年以下监禁并处罚金。

（二）犯本条第一款之罪，并且逃税金额超过一百五十万第纳尔的，处一年以上八年以下监禁并处罚金。

（三）犯本条第一款之罪，并且逃税金额超过七百五十万第纳尔的，处二年以上十年以下监禁并处罚金。

第二百二十九条－a 逃避预扣税罪[①]

（一）纳税企业的企业主以及纳税法人中的责任人员，以逃避税收为目的，拒不缴纳政府财政收入中以预扣税名义征收的法定税金的，处三年以下监禁并处罚金。

（二）犯本条第一款之罪，并且逃税金额超过一百五十万第纳尔的，处六个月以上五年以下监禁并处罚金。

（三）犯本条第一款之罪，并且逃税金额超过七百五十万第纳尔的，处一年以上十年以下监禁并处罚金。

（四）犯本条第一款之罪的纳税企业的企业主或者纳税法人中的责任人员，还应当被判处在一年至五年期限以内禁止从事某种职业、进行某种活动或担任某种职务的保安处分。

---

① 预扣税，是由东道国政府按支付给外国投资者的股利、利息、无形资产特许权使用费等所计征的税种。当支付相应款项给外国投资者的时候，必须预提该款项的一定百分比作预扣税。预扣税必须缴纳给该国政府的税务局。

第二百三十条　走私罪

（一）逃避海关监管，携带货物通过海关的，或者逃避海关监管，在海关之外持有武器、以犯罪团伙形式或者使用暴力或者胁迫货物等方式转运货物的，处六个月以上五年以下监禁并处罚金,。

（二）出卖、转销、或者隐藏走私货物，或者组建由销售走私货物的中间商或者转销商构成的犯罪网络的，处一年以上八年以下监禁并处罚金。

（三）本条第一款及第二款中的走私物品，应当予以没收。

（四）如果某一机动车或者交通工具的所有人或使用人已经知道、或者应当知道，或者有义务知道机动车或者交通工具的隐蔽或者秘密部位被用于运输本条第一款中的走私货物，或者被意图用于实施该犯罪行为，并且在实施犯罪时，如果被运输的走私货物的价值超过机动车或者交通工具的三分之一的，该机动车或者交通工具，应当予以没收。

第二百三十一条　洗钱罪

（一）明知某一财物是通过犯罪所得之物，以掩饰或者谎报其非法来源为目的，对该财物予以兑换或者转移，或者掩饰或者谎报该财物属于赃物的事实的，或者在收到某一财物时已经预见到该财物是通过犯罪所得之物，而予以购买、持有、或者使用的，处六个月以上五年以下监禁并处罚金。

（二）如果本条第一款中的金钱或者财物的价值超过一百五十万第纳尔的，处一年以上十年以下监禁并处罚金。

（三）如果行为人通过实施犯罪行为已经为自己获得了某一财物，并且为了掩饰该财物的真实来源而犯本条第一款及第二款之罪的，依照本条第一款及第二款之规定处罚。

（四）以犯罪团伙形式犯本条第一款及第二款之罪的，处二年以上十二年以下监禁并处罚金。

（五）如果犯本条第一款及第二款之罪时，应当知道或者本来应当知道该财物是通过犯罪所得之物的，处三年以下监禁。

（六）如果某一法人中的责任人员实施本条第一款、第二款及第五款之行为时，已经知道或者应当知道金钱或者财物是通过犯罪所得之物的，应当依照本条之罪定罪处罚。

（七）本条第一款至第六款中的金钱或者财物，应当予以没收。

第二百三十二条　滥用垄断地位罪

某一企业或具备法人资格的商业组织中的责任人员，滥用该企业或商业组织在市场中所形成的牢固的垄断性或者支配性地位，或者签订某一垄断性协议而导致市场混乱，或者强化了该企业或商业组织现有的支配性地位，并因此而使得该企业或商业组织，或者其他法人获得物质利益的，或者给其他企业或商业组织，或者消费者及用户造成物质损失的，处六个月以上五年以下监禁并处罚金。

第二百三十三条　未经授权使用他人商号以及货物或服务的特殊标识罪

（一）以欺骗产品或者服务的消费者为目的，使用他人商号、原产地标识、产品印记、商标或者他人产品或者服务的特殊标识的，或者将上述标识的某些特征，添加进自己商号、原产地标识、产品印记、商标或者他人产品或者服务的特殊标识的，处罚金或者三年以下监禁。

（二）以销售大量或者具有巨大价值的本条第一款中的侵权物品为目的，获取、制造、加工、发行、租借、储存该物品的，或者通过未经授权使用他人标识的方式而经营与他人标识有关的延展业务的，处六个月以上五年以下监禁。

（三）犯本条第二款之罪时，组建由销售侵权货物的中间商或者转销商构成的犯罪网络的，或者获得物质利益超过一百五十万第纳尔的，处一年以上八年以下监禁。

（四）本条第一款至第三款中的物品，应当予以没收。

第二百三十四条　不当行使商业职责罪

（一）某一企业或具备法人资格的商业组织中的责任人员，故意违反商业经营方面的法律、其他规章或者基本条例的，或者在进行商业经营时明显粗心大意，并因此出于过失而导致该企业或商业组织财产损失超过四十五万第纳尔的，处罚金或者三年以下监禁。

（二）犯本条第一款之罪，并因此而导致该企业或商业组织财产损失超过一百五十万第纳尔的，或者导致该企业或商业组织被启动强制清算程序，或者破产的，处六个月以上五年以下监禁。

第二百三十五条　导致破产罪

（一）某一企业或具备法人资格的商业组织中的责任人员，通过不当处置财产或者以极低的价格变卖财物，或过度主动负债，或承担明显不相称的义务，或与没有支付能力的人签订合同，或不按时主张债权请求，或破坏或隐瞒财产，或以其他方式违背勤勉谨慎的商业经营原则，并因此而导致该企业或商业组织破产，或者给他人造成损失的，处六个月以上五年以下监禁。

（二）过失犯本条第一款之罪的，处三个月以上三年以下监禁。

第二百三十六条　虚假破产罪

（一）某一企业或具备法人资格的商业组织中的责任人员，以为该企业或者商业组织避免履行支付义务为目的，采取以下措施导致该企业或者商业组织因为虚构的或者真实的资产减少而破产的，处六个月以上五年以下监禁：

1. 隐瞒、虚假变卖，或者低于市场正常价格变卖，或者未要求任何补偿而放弃该企业或商业组织中的财产或部分财产的；

2. 签订虚假的信贷协议，或承认他人虚假的财产请求权的；

3. 采取隐瞒、破坏或者篡改依照法律应当保存的商业账簿，并因此而致使真实的财产状况难以确定的，或者通过伪造文件或者以其他方式导致破产程序被启动的。

（二）犯本条第一款之罪，并因此而给债权人造成严重危害后果的，处二年以上十年以下监禁。

第二百三十七条　损害债权人利益罪

（一）某一企业或具备法人资格的商业组织中的责任人员，明知该企业或商业组织没有支付能力，而清偿某一债务，或以其他方式故意给予某些债权人以特殊关照，并因此而严重损害其他债权人的利益的，处三个月以上三年以下监禁。

（二）某一企业主或者本条第一款中的责任人员，明知其所在企业没有支付能力，以欺诈或损害债权人利益为目的，承认虚假的财产权请求，或杜撰虚假的合同，或以其他欺骗性行为损害债权人利益的，处三个月以上五年以下监禁。

（三）犯本条第一款及第二款之罪，并因此而给债权人造成严重财产损失的，或因此而导致强制清算程序或者破产程序被启动的，处一年以上八年以下监禁。

第二百三十八条　在经济活动中滥用经营权罪

（一）某一企业或具备法人资格的商业组织中的责任人员，以为雇佣该责任人员的法人，或者其他法人或者其他具备法人资格的商业组织非法牟取利益为目的，实施以下行为的处三个月以上五年以下监禁：

1. 在国内或者海外建立或者运作非法金融、商品或者价值型基金，或者非法阻止股票持有者行使其所有权的；

2. 杜撰虚假内容的文件、虚假资金结余、评估报告，或者篡改或者隐瞒事实，或者呈报虚假的财政状况和变动情况以及商业经营业绩，并因此而误导企业或其他法人中的管理当局采取相关决定，或者导致该企业或者其他法人处于一个更为优越的地位，并因此而获得了根据相关法律规定其本来不应当获得的资金或者其他补贴的；

3. 不按照财物的用途对其使用的；

4. 严重违背管理、处置及使用财物方面的授权指示的；

5. 违背股票持有人的意志，在进行股票交易时未能签署招股说明书的，或者提供虚假信息并因此而在法人的资金方面误导股票购买者的，

（二）犯本条第一款之罪，并因此而获得物质利益超过五百万第纳尔的，处一年以上八年以下监禁。

（三）犯本条第一款之罪，并因此而获得物质利益超过一千五百万第纳尔的，处二年以上十二年以下监禁。

第二百三十九条　贬损商业信誉及信用评级罪

（一）以贬损他人商业信誉或者信用评级为目的，散布谣言或者虚假描述他人的商业经营活动的，处罚金或者一年以下监禁。

（二）犯本条第一款之罪，并因此而造成严重危害后果的，处三个月以上三年以下监禁。

（三）犯本条第一款及第二款之罪的，告诉的才处理。

第二百四十条 泄露商业秘密罪

（一）未经授权泄露、移交，或以其他方式使他人得到属于商业秘密的资料的，或以将商业秘密移交给无权接触该商业秘密的人为目的，而设法获取该商业秘密的，处六个月以上五年以下监禁。

（二）以牟取财产利益为目的而犯本条第一款之罪的，或者针对具有特别机密的信息犯本条第一款之罪的，处一年以上十年以下监禁并处罚金。

（三）过失犯本条第一款之罪的，处三年以下监禁。

（四）“商业秘密”，是指被法律或者其他法律规范，或者某一公司、事业单位或其他法人机构确定为商业秘密的信息。泄露商业秘密应当导致或者可能导致企业或者其他商业组织的经济利益遭受损害。

第二百四十一条 拒绝商业检查罪

阻止有关主管机关检查商业账簿或者其他文件的，或者阻止其检查其他物品、场所或者其他设施的，处罚金或者一年以下监禁。

第二百四十二条 非法生产罪

（一）未经授权，生产或者加工只有经过有关主管机关许可才能予以生产或加工的商品的，处罚金或者二年以下监禁。

（二）生产或加工被依法禁止生产或加工的商品的，处三年以下监禁。

（三）被非法生产的商品以及制造该商品的工具，应当予以没收。

第二百四十三条　非法贸易罪

（一）未经贸易许可，以销售为目的获取具有较高价值的商品及货物的，或者未经授权，在较大范围从事贸易活动或者进行贸易中介，或者经营国内外贸易或服务的代理业务的，处罚金或者二年以下监禁。

（二）行为人销售由其非法生产的商品的，处三个月以上三年以下监禁。

（三）非法销售、购买或者交换被禁止或者限制流通的商品及货物的，依照本条第二款之规定处罚。

（四）犯本条第一款至第三款之罪时，组建由销售非法贸易商品的中间商或者转销商构成的犯罪网络的，或者获得物质利益超过四十五万第纳尔的，处六个月以上五年以下监禁。

（五）非法贸易的商品及货物，应当予以没收。

第二百四十四条　欺诈消费者罪

以欺诈消费者为目的，经销标示信息与其实质内容、型号、原产地或产品质量不相符的产品的，或经销重量或质量达不到正常标准的产品的，或经销依照法律规定应当标注产品内容、型号、原产地或质量等信息但却没有标注上述信息的产品的，处三年以下监禁并处罚金。

第二百四十五条　伪造标注商品、尺寸和重量的标识罪

（一）以将虚假标识作为真实标识而进行使用为目的，制造虚假的用于标注黄金、其他贵金属、禽畜、木制品或其他国内外商品的诸如图章、印记、标牌或者其他标识的，或变造真实标识的，或将虚假标识作为真实标识而使用的，处罚金或者三年以下监禁。

（二）虚假的商品标注标识、尺寸和重量标识，应当予以没收。

第二十三章 侵犯人类健康的犯罪

第二百四十六条 非法制造、持有以及销售麻醉品罪

（一）非法制造、加工、贩卖，或为销售而提供被称为麻醉品的物品或者制剂的，或者以贩卖为目的而收购、保管、运输麻醉品的，或者为贩卖、购买麻醉品提供中介服务的，或者以其他方式将麻醉品投放市场的，处三年以上十二年以下监禁。

（二）非法种植罂粟、大麻或者其他能够提炼麻醉品的植物的，处六个月以上五年以下监禁。

（三）以犯罪团伙形式犯本条第一款之罪的，或为犯本罪而组织了一个专门销售或中介上述物品犯罪网络的，处五年以上十五年以下监禁。

（四）以有组织犯罪集团形式犯本条第一款之罪的，处十年以上监禁。

（五）行为人犯本条第一款至第四款之罪，如果自愿告发其所获得麻醉品的来源的，可以免予处罚。

（六）明知相关设备、原材料或物品系用以制造麻醉品、精神药品，未经授权而生产、采办、中介，或为使用而提供上述设备、原材料或物品的，处六个月以上五年以下监禁。

（七）麻醉品以及用于制造、加工麻醉品的工具，应当予以没收。

第二百四十六条－a　非法持有麻醉品罪

（一）以自己服用为目的，非法持有较小数量的被称为麻醉品的物品的，处罚金或者三年以下监禁，也可以免于处罚。

（二）行为人犯本条第一款之罪，如果自愿告发其所获得麻醉品的来源的，可以免予处罚。

（三）麻醉品，应当予以没收。

第二百四十七条　为他人服用麻醉品提供便利条件罪

（一）引诱他人服用麻醉品、精神药品，或向他人提供麻醉品、精神药品供其或第三人服用的，或提供服用麻醉品、精神药品的场所的，或以其他方式使他人服用麻醉品、精神药品的，处六个月以上五年以下监禁。

（二）针对未成年人或数人犯本条第一款之罪的，或因此而造成特别严重后果的，处二年以上十年以下监禁。

（三）犯本条第一款之罪，并因此而导致他人死亡的，处三年以上十五年以下监禁。

（四）就本条第一款及第二款之情况而言，如果健康护理工作人员以提供医疗救治为目的，让他人服用麻醉品的，不应受刑罚处罚。

（五）麻醉品，应当予以没收。

第二百四十八条　疫情发生期间不遵守健康规章罪

在危险性传染病疫情发生期间，不遵守有关扑灭或预防该传染病之规章或命令的，处罚金或三年以下监禁。

第二百四十九条　传播传染病罪

违反在扑灭或预防传染病方面的规章、决议或命令并因此而导致传染病传播扩散的，处三年以下监禁。

第二百五十条　传播艾滋病罪

（一）故意使他人有可能面临艾滋病感染的危险的，处二年以下监禁。

（二）故意违背预防艾滋病传播方面的规章或措施，并因此出于过失而造成他人感染艾滋病的，处一年以上五年以下监禁。

（三）明知自己感染艾滋病，但却故意将艾滋病病毒传染给他人的，处二年以上十二年以下监禁。

（四）犯本条第三款之罪，并因此而导致被感染者死亡的，处三年以上十五年以下监禁。

（五）过失实施本条第三款之行为，造成第三款之危害结果的，处三年以下监禁；造成第四款之危害结果的，处六个月以上五年以下监禁。

第二百五十一条　不当治疗罪

（一）医生在提供医疗服务时，使用明显不当的治疗工具或采取明显不当的治疗手段，或未采取正确的卫生措施，或者未尽谨慎治疗之义务，并因此而造成他人身体健康情况恶化的，处罚金或者三年以下监禁。

（二）其他医务工作人员，在提供医疗救助或护理，或者其他医疗活动时，由于明显未尽谨慎治疗之义务，并因此而造成他人身体健康情况恶化的，依照本条第一款之规定处罚。

（三）过失犯本条第一款及第二款之罪的，处罚金或者一年以下监禁。

第二百五十二条　非法进行医疗实验或者药品测试罪

（一）违反规章进行针对人类的医疗或者类似的实验的，处三个月以上五年以下监禁。

（二）克隆人类或者以克隆人类为目的，进行相关实验的，依照本条第一款之规定处罚。

（三）违反规章进行药品临床测试的，处三个月以上三年以下监禁。

第二百五十三条　拒绝提供医疗救助罪

（一）医生违背其职责，拒绝对需要医疗救治的人员、生命垂危的人员，或者面临严重身体伤害的疾病侵袭的人员或者面临健康严重恶化的人员提供医疗救助的，处罚金或者二年以下监禁。

（二）犯本条第一款之罪，并因此而导致未得到医疗救助者遭受严重身体伤害或者健康严重恶化的，处六个月以上五年以下监禁。

（三）犯本条第一款之罪，并因此而导致未得到医疗救助者死亡的，处一年以上八年以下监禁。

第二百五十四条　非法行医罪

（一）没有法定资格而实施医疗行为，或提供医疗救助的，处三年以下监禁并处罚金。

（二）没有法定资格而配制或者分发药品的，依照本条第一款之规定处罚。

第二百五十五条　不当配制或者分发药品罪

（一）有资格配制或分发医疗中所使用药品的人员，不按规定或者治疗需要而配制或者分发在该治疗中不允许使用的药品，或者不按治疗中规定的比例或者数量配制或者分发药品，或者在配制或者分发药品时明显未尽谨慎职责，并因此而导致他人健康严重恶化的，处三年以下监禁。

（二）过失犯本条第一款之罪的，处罚金或一年以下监禁。

第二百五十六条 生产、经销有害食品罪

（一）以出售为目的生产、出售，或者将有害性食品、饮料、医药或者医疗设备或者其他产品投放市场的，处六个月以上五年以下监禁并处罚金。

（二）当法律规章要求进行检验，但未经有关主管机关公职人员的检验，而将食品、饮料、医药或者医疗设备或者其他产品投放市场的，或者将超过有效期的上述产品投放市场的，处三年以下监禁并处罚金。

（三）过失犯本条第一款及第二款之罪的，处罚金或者一年以下监禁。

（四）本条第一款及第二款中的物品，应当予以没收。

第二百五十七条 未尽职责检验食品罪

（一）被授权从事食品检疫的人员，未尽职责检验待屠宰的家畜、消费类肉制品或者其他食品的，或违反规章，未履行检验职责，并因此而造成对人体健康有害的肉制品或食品在市场上流通的，处三年以下监禁。

（二）过失犯本条第一款之罪的，处罚金或者一年以下监禁。

第二百五十八条 污染饮用水及食品罪

（一）通过有害性物质污染饮用水或者食品的，处六个月以上五年以下监禁。

（二）过失犯本条第一款之罪的，处罚金或者三年以下监禁。

第二百五十九条 危害生命及健康的严重犯罪

（一）犯本法第二百四十九条、第二百五十一条第一款及第二款、第二百五十二条、第二百五十四条、第二百五十五条第一款、第二百五十六条第一款及第二款、第二百五十七条第一款以及第二百五十八条第一款之罪，并因此而造成他人严重身体伤害或严重损害其健康的，处一年以上八年以下监禁。

（二）犯本法第二百四十九条、第二百五十一条第一款及第二款、第二百五十二条、第二百五十四条、第二百五十五条第一款、第二百五十六条第一款及第二款、第二百五十七条第一款以及第二百五十八条第一款之罪，并因此而造成一人或者更多人死亡的，处二年以上十二年以下监禁。

（三）犯本法第二百五十一条第三款、第二百五十五条第二款、第二百五十六条第三款、第二百五十七条第二款、第二百五十八条第二款之罪，并因此而造成他人严重身体伤害，或严重损害其健康的，处三年以下监禁。

（四）犯本法第二百五十一条第三款、第二百五十五条第二款、第二百五十六条第三款、第二百五十七条第二款、第二百五十八条第二款之罪，并因此而造成一人或更多人死亡的，处一年以上八年以下监禁。

第二十四章　侵害环境的犯罪

第二百六十条　环境污染罪

（一）违反环境保护、养护与改善方面之法律法规，并因此而对空气、水体或土壤造成大面积或者严重污染的，处六个月以上五年以下监禁并处罚金。

（二）过失犯本条第一款之罪的，处二年以下监禁。

（三）犯本条第一款之罪，并因此而导致动植物的大范围毁灭或损伤的，或者导致被污染环境的清洁与恢复需要耗费大量的时间及财力的，处一年以上八年以下监禁并处罚金。

（四）犯本条第二款之罪，并因此而导致动植物的大范围毁灭或损伤的，或者导致被污染环境的清洁与恢复需要耗费大量的时间及财力的，处六个月以上五年以下监禁并处罚金。

（五）在对犯本条第一款至第四款之罪的犯罪人宣告缓刑时，法庭应当命令其在一定期限内，采取旨在保护、养护或者改善人类环境的特殊法定措施。

第二百六十一条　拒不采取环境保护措施罪

（一）公职人员或其他相关责任人员，拒不采取规定的环境保护措施的，或者拒不执行根据有关主管机关做出的环境保护方面的决定的，处罚金或者三年以下监禁。

（二）过失犯本条第一款之罪的，处罚金或者一年以下监禁。

（三）犯本条第一款及第二款，并因此而造成环境污染的，依照本法第二百六十条之规定处罚。

（四）在对犯本条第一款及第二款之罪的犯罪人宣告缓刑时，法庭应当命令其在一定期限内，采取旨在保护、养护或者改善人类环境的特殊法定措施。

第二百六十二条　非法进行建设、设备操作、安装而污染环境罪

（一）公职人员或者相关责任人员违反环境保护、养护与改善方面之法律法规，批准进行施工建设，或者某些设备的启动、操作及安装的，或者批准使用某些有可能对环境造成大面积或者严重污染的工业技术的，处六个月以上五年以下监禁。

（二）犯本条第一款之罪，并因此而导致动植物的大范围毁灭或损伤的，或者导致被污染环境的清洁与恢复需要耗费大量的时间及财力的，处一年以上八年以下监禁。

（三）在对犯本条第一款及第二款之罪的犯罪人宣告缓刑时，法庭应当命令其在一定期限内，采取旨在保护、养护或者改善人类环境的特殊法定措施。

第二百六十三条　毁损环境保护设备或者装置罪

（一）毁损、破坏、移动，或者以其他方式使得环境保护设备或装置无法正常使用的，处三年以下监禁。

（二）过失犯本条第一款之罪的，处罚金或者一年以下监禁。

（三）犯本条第一款之罪，并因此而对空气、水体或土壤造成大面积或者严重污染的，处六个月以上五年以下监禁。

（四）犯本条第二款之罪，并因此而对空气、水体或土壤造成大面积或者严重污染的，处三年以下监禁。

（五）犯本条第一款及第三款之罪，并因此而导致动植物的大范围毁灭或损伤的，或者导致被污染环境的清洁与恢复需要耗费大量的时间及财力的，处一年以上八年以下监禁。

（六）犯本条第二款及第四款之罪，并因此而导致动植物的大范围毁灭或损伤的，或者导致被污染环境的清洁与恢复需要耗费大量的时间及财力的，处六个月以上五年以下监禁。

（七）在对犯本条第一款及第六款之罪的犯罪人宣告缓刑时，法庭应当命令其在一定期限内，采取旨在保护、养护或者改善人类环境的特殊法定措施。

第二百六十四条　破坏环境罪

（一）违反法律规章，通过自然资源开发、施工建设、实施某些工程，或者以其他方式对环境造成大面积或者严重污染的，处三年以下监禁。

（二）过失犯本条第一款之罪的，处罚金或者一年以下监禁。

（三）在对犯本条第一款及第二款之罪的犯罪人宣告缓刑时，法庭应当命令其在一定期限内，采取旨在保护、养护或者改善人类环境的特殊法定措施。

第二百六十五条　破坏、毁损或者将受保护的自然财富带入或者带出塞尔维亚罪

（一）破坏、毁损受保护的自然财富的，处六个月以上五年以下监禁。

（二）过失犯本条第一款之罪的，处罚金或者六个月以下监禁。

（三）违反法律法规，出口或者将受到特殊保护的动植物带往国外的，或者进口或者将受到国际条约或者文件保护的动植物带入塞尔维亚的，处三个月以上三年以下监禁并处罚金。

（四）犯本条第三款之罪的，处罚未遂。

（五）本条第三款中的受到特殊保护的动植物，应当予以没收。

第二百六十六条　将危险物质带入塞尔维亚，非法加工、安置或者堆放危险物质罪

（一）违反法律规章，将放射性、或者其他危险性物质或者危险性废物带入塞尔维亚的，或者运输、加工、安置、收集或者堆放上述危险性物质或者废物的，处六个月以上五年以下监禁并处罚金。

（二）滥用其职权，允许或者创造便利条件将放射性、或者其他危险性物质或者危险性废物带入塞尔维亚的，或者使得运输、加工、安置、收集或者堆放上述危险性物质或者废物的行为得以实施的，处一年以上八年以下监禁并处罚金。

（三）犯本条第一款及第二款之罪，并因此而导致动植物的大范围毁灭或损伤的，或者导致被污染环境的清洁与恢复需要耗费大量的时间及财力的，处二年以上十年以下监禁并处罚金。

（四）在做出缓刑宣告时，法庭应当命令本条第一款至第三款中的犯罪人在一定期限内，采取旨在保护、养护或者改善人类环境的特殊法定措施。

（五）组织实施本条第一款之罪的，处三年以上十年以下监禁并处罚金。

第二百六十七条　非法建设核工厂罪

违反法律规章，许可或者着手建设核电站、核燃料制造厂，或者建设使用核燃料的工厂的，处六个月以上五年以下监禁。

第二百六十八条　侵犯被告知环境状况的知情权罪

如果需要某一环境状况方面的信息而进行环境灾难评估，或者凭借该信息可以采取相关措施保护人类生命健康安全，但违反法律规章，阻止告知该信息或者提供虚假信息的，处罚金或者一年以下监禁。

第二百六十九条　杀害及任意折磨动物罪

（一）违反法律规章，杀害、伤害、虐打，或者以其他方式折磨动物的，处罚金或者一年以下监禁。

（二）针对大量动物犯本条第一款之罪的，或者针对受特殊保护的动物犯本条第一款之罪的，处罚金或者三年以下监禁。

（三）组织，资助或者主持同种动物之间或者不同种类动物之间的争斗的，或者在上述动物争斗中投入赌注的，处三年以下监禁并处罚金。

第二百七十条　在动植物间传播传染病罪

（一）在某些危及畜牧养殖的禽畜疾病流行期间，未依照法律规章、决议或者命令而实施扑灭或预防禽畜疾病的相关措施的，处罚金或者二年以下监禁。

（二）在某些危及种植业的疾病或虫害出现的情况下，未依照法律规章、决议或者命令而实施扑灭或预防病虫害的相关措施的，依照本条第一款之规定处罚。

（三）犯本条第一款及第二款之罪，并因此而造成动物死亡、植物毁灭，或者造成其他巨大损失的，处三年以下监禁。

（四）过失犯本条第一款至第三款之罪的，处罚金或一年以下监禁。

第二百七十一条　未尽兽医职责罪

（一）兽医或经授权从事禽兽疾病治疗的工作者，在提供禽兽疾病治疗服务时，采纳或使用明显不适当的器具或治疗手段，或者其在治疗过程中未尽谨慎义务，并因此而导致家畜或家禽大量死亡的严重损失的，处二年以下监禁。

（二）过失犯本条第一款之罪的，处罚金或六个月以下监禁。

第二百七十二条　生产用于治疗动物疾病的有害制品罪

（一）以出售为目的而生产用于治疗或预防动物疾病的制品，或为通过贸易活动而将该制品投放到市场，但该制品却可能危及动物的生命或健康安全的，处罚金或一年以下监禁。

（二）犯本条第一款之罪，并因此而造成动物死亡或者其他巨大损失的，处罚金或者二年以下监禁。

（三）过失犯本条第一款及第二款之罪的，处罚金或者六个月以下监禁。

第二百七十三条　污染禽畜饲料或其水源罪

（一）投放有害物品，污染禽畜饲料或者禽畜饮用的水源，并因此而危及禽畜生命或健康安全的，处罚金或者二年以下监禁。

（二）投放有害物品，污染鱼塘、湖泊、河流或运河或者用被污染的水放养鱼类，并因此而危及鱼类或者其他水生物的生存的，依照本条第一款之规定处罚。

（三）犯本条第一款及第二款之罪，并因此而造成禽畜和鱼类死亡或者其他巨大损失的，处罚金或者三年以下监禁。

（四）过失犯本条第一款之罪的，处罚金或者六个月以下监禁。

第二百七十四条　毁坏森林罪

（一）违反法律规章或者有关主管机关的命令，砍伐林木或清空森林的，或者毁损树干或以其他方式毁坏森林的，或者在公园、绿化带，或者其他禁止砍伐树木的区域砍伐一棵或者更多的树木的，处罚金或者一年以下监禁。

（二）在森林保护区、国家公园，或其他有特殊用途的森林里犯本条第一款之罪的，处三个月以上三年以下监禁。

第二百七十五条　盗伐林木罪

（一）以盗窃为目的，在森林、公园或者绿化带砍伐一棵或者更多的树木，并且盗伐数量超过一立方米的，处罚金或者一年以下监禁。

（二）以出售被盗伐的树木为目的，犯本条第一款之罪的，或者犯本条第一款之罪，并且盗伐数量超过五立方米的，或者在森林保护区、国家公园，或其他有特殊用途的森林里犯本条第一款之罪的，处三年以下监禁。

（三）犯本条第一款及第二款的，处罚未遂。

第二百七十六条　非法狩猎罪

（一）在禁猎期或者禁猎区捕捉猎物的，处罚金或者六个月以下监禁。

（二）在他人的狩猎保留地中捕猎、杀害、伤害或活捉猎物的，处罚金或者一年以下监禁。

（三）针对大型猎物犯本条第二款之罪的，处罚金或者二年以下监禁。

（四）未经特殊许可，捕捉须经特殊许可方可捕捉的猎物的，或以大规模捕杀手段或工具捕杀猎物的，处三年以下监禁。

（五）所捕获的猎物及猎捕工具，应当予以没收。

第二百七十七条 非法捕鱼罪

（一）在禁渔期或者禁渔区进行捕鱼的，处罚金或六个月以下监禁。

（二）使用炸药、电力、毒药、麻醉剂，或以其他能够危及鱼类或者其他水生物群体繁育的方式，或者以对大量鱼类或者水生物造成大量毁灭的方式，捕捉鱼类或者其他水生物的，处三年以下监禁。

（三）捕捉具有重要生物学价值的鱼类或者其他水生物的，或者捕捉大量的鱼类或者其他水生物的，或者在捕捉中毁灭了大量的鱼类或者其他水生物的，依照本条第二款之规定处罚。

（四）所捕获的鱼类产品及捕鱼工具，应当予以没收。

第二十五章 危害公众人身及财产安全的犯罪

第二百七十八条 制造普通危险罪

（一）实施放火、决水、爆炸、投毒、释放放射性物质或者离子射线辐射等危险行为，或者使用电力、机械动力或者及其他危险工具，危及民众生命及身体安全，或者具有巨大价值的财产安全的，处六个月以上五年以下监禁并处罚金。

（二）公职人员或相关责任人员未按规定安装防护火灾、洪水、爆炸、有毒物质、毒气、放射性物质或者离子射线辐射、电力或者其他危险的安全装置，或未对上述装置进行养护而致使其未能处于良好工作状态，或在必要的场合没有启动上述装置，或总体而言，未能按照有关防护措施法规或技术规则的要求进行操作的，并因此而危及民众生命及身体安全，或者具有巨大价值的财产安全的，依照本条第一款之规定处罚。

（三）在大量人员聚集区域犯本条第一款及第二款之罪的，处一年以上八年以下监禁并处罚金。

（四）犯本条第一款之罪时，使用武器的，处二年以上十年以下监禁。

（五）过失犯本条第一款、第三款及第四款之罪的，处罚金或三年以下监禁。

第二百七十九条　破坏及毁损基础性公共设施罪

（一）破坏、毁损、拆除供水、供暖、燃气、供电或提供其他能源的基础性公共设施，或通讯系统设施，或使其不能正常使用，并因此而干扰公民日常生活或市场经济活动的，处三个月以上五年以下监禁。

（二）过失犯本条第一款之罪的，处罚金或一年以下监禁。

第二百八十条　拒不在工作场所实施保护措施危及公共安全罪

（一）在矿区、工厂、车间、建筑工地，或在其他工作场所中破坏、毁损、拆除防护装置，或使其不能正常使用，并因此而危及民众生命及身体安全，或者具有巨大价值的财产安全的，处六个月以上五年以下监禁。

（二）相关责任人员在矿区，工厂，车间、建筑工地，或在其他工作场所中，未按规定安装防护装置，或未对上述装置进行养护而致使其不能处于良好工作状态，或在必要的场合没有启动上述装置，或总体而言，未能按照有关防护措施法规或技术规则的要求进行操作，并因此而危及民众生命及身体安全，或者具有巨大价值的财产安全的，依照本条第一款之规定处罚。

（三）过失犯本条第一款及第二款之罪的，处三年以下监禁。

（四）在对犯本条第二款之罪的犯罪人宣告缓刑时，法庭应当责令其在指定的期限内安装、养护防护装置，或使其能够正常工作。

第二百八十一条　拒不按照规章及标准施工罪

（一）负责施工设计、施工管理、施工组织、或者施工建设的相关人员，拒不按照规章或者公认的技术标准进行施工，并因此而危及民众生命及身体安全，或者具有巨大价值的财产安全的，处三个月以上五年以下监禁。

（二）过失犯本条第一款之罪的，处罚金或者三年以下监禁。

第二百八十二条　破坏大坝及水利设施罪

（一）破坏、毁损，或者使用其他方法使得大坝、防护堤或者其他用于防护自然灾害的水利设施或者装置无法正常使用的，处三个月以上三年以下监禁并处罚金。

（二）针对具有特殊重要性的设施或装置犯本条第一款之罪的，处六个月以上五年以下监禁并处罚金。

（三）过失犯本条第二款之罪的，处罚金或者三年以下监禁。

第二百八十三条　破坏、毁损或者拆除警示标志罪

破坏、毁损或者拆除用于警示危险的标志的，处三年以下监禁。

第二百八十四条　滥用通讯信号罪

（一）滥用或者在毫无必要的情况下发送国际救援信号或者警示危险的信号的，或者在危险并不存在时使用通讯信号设施的，或者滥用国际通讯信号的，处三年以下监禁。

（二）犯本条第一款之罪，并因此而危及民众生命、身体安全，或者具有巨大价值的财产安全的，处六个月以上五年以下监禁。

第二百八十五条　拒不排除危险罪

（一）采取相关措施并不会使自己或他人承受任何危险，但却不及时向有关主管机关或者部门报告火灾、洪水、爆炸、交通事故，或其他危及公众生命健康安全或者具有巨大价值的财产安全的危险之存在，或未采取措施以排除上述危险的，处罚金或二年以下监禁。

（二）阻止他人采取措施以排除火灾、洪水、爆炸、交通事故，或其他危及公众生命健康安全或者具有巨大价值的财产安全的危险的，处三年以下监禁。

第二百八十六条　未经授权处置爆炸物及易燃物罪

（一）行为人违反有关法律规章，储存、保管、运输，或者借助公共交通工具转运爆炸物或者具有高度易燃性的物质的，或者行为人亲自使用公共交通工具运输上述危险物质的，处罚金或者三年以下监禁。

（二）非法将爆炸物或者具有高度易燃性的物质带往正在召开或者即将召开大量人员聚会的场所或设施的，依照本条第一款之规定处罚。

（三）携带具有高度易燃性物质或者其他禁止被带入甲烷矿井或工厂的物质，进入或者试图进入甲烷矿井或者其他含有易燃气体或者危险性碳物质粉尘的矿井的，处六个月以上五年以下监禁。

（四）在进入储藏爆炸物的仓库、车间或者其他场所时，拒不遵守法定保护措施的，依照本条第三款之规定处罚。

（五）过失犯本条第三款及第四款之罪的，处罚金或者三年以下监禁。

第二百八十七条　非法获取核材料危及公共安全罪

（一）使用暴力或胁迫，或通过犯罪行为或以其他非法手段，获取、持有、使用、运输、或给他人提供核材料的，或使得他人获取核材料的，处三年以下监禁。

（二）以使用核材料为威胁，迫使他人实施或者不实施某行为，并因此而危及公共安全的，处一年以上十年以下监禁。

（三）犯本条第一款及第二款之罪，并因此而导致严重身体伤害的，或造成巨大财产损失的，处二年以上十二年以下监禁。

（四）犯本条第一款及第二款之罪，并因此而致使一人或更多人死亡的，处三年以上十五年以下监禁。

第二百八十八条　严重的危害公共安全罪

（一）犯本法第二百七十八条第一款至第四款、第二百七十九条第一款及第二款、第二百八十条第一款及第二款、第二百八十一条第一款以及第二百八十四条之罪，并因此而导致严重身体伤害的，或造成巨大财产损失的，处一年以上八年以下监禁。

（二）犯本法第二百七十八条第一款至第四款、第二百七十九条第一款及第二款、第二百八十条第一款及第二款、第二百八十一条第一款以及第二百八十四条之罪，并因此而致使一人或更多人死亡的，处二年以上十二年以下监禁。

（三）犯本法第二百七十八条第五款、第二百七十九条第二款、第二百八十条第三款以及第二百八十一条第二款之罪，并因此而导致严重身体伤害的，或造成巨大财产损失的，处四年以下监禁。

（四）犯本法第二百七十八条第五款、第二百七十九条第二款、第二百八十条第三款以及第二百八十一条第二款之罪，并因此而致使一人或更多人死亡的，处一年以上八年以下监禁。

第二十六章　危害交通安全的犯罪

第二百八十九条　危及道路交通安全罪

（一）参与公共道路交通运输的人员，由于不遵守交通安全法规，危及公共交通中公民生命健康安全以及具有巨大价值的财产安全，并因此而造成轻微身体伤害或超过二十万第纳尔的财产损失的，处罚金或者三年以下监禁。

（二）不遵守交通安全法规，危及铁路、有轨电车、无轨电车、巴士、缆车或其他大型公共交通工具安全，并因此而给公民生命健康以及具有巨大价值的财产安全造成严重危险的，处六个月以上五年以下监禁。

（三）过失犯本条第一款及第二款之罪的，处罚金或者一年以下监禁。

第二百九十条 以危险行为或危险工具危害交通安全罪

（一）毁损、拆除，严重破坏交通设施、装置、交通安全信号系统，或者用于保障道路交通安全的护栏，或者发出错误的信号或指示，或者在交通主干道上设置障碍，或者以其他方法危及交通安全，并因此而危及民众生命及身体安全，或者具有巨大价值的财产安全的，处三年以下监禁。

（二）过失犯本条第一款之罪的，处罚金或一年以下监禁。

第二百九十一条 危及航空安全罪

（一）不当操纵航空器飞行的，或者违反法律规章，拒不履行航空器飞行监管安全职责的，或者提供能够对航空器安全飞行产生重要影响的虚假信息的，或者以其他方式危及航空器飞行安全的，处一年以上八年以下监禁。

（二）过失犯本条第一款之罪的，或者过失损坏航空中的设备或者过失给航空器造成其他损伤的，处六个月以上五年以下监禁。

第二百九十二条 暴力危及航空安全罪

（一）针对航空器中的人员使用暴力，或者放置或者将爆炸物或者其他危险装置或者物质带入航空器，或者毁损、破坏航空器中的设备，或者给航空器造成其他损害，并因此而危及航空器飞行安全的，处二年以上十年以下监禁。

（二）犯本条第一款之罪，并因此而导致严重身体伤害或者巨大财产损失的，处二年以上十二年以下监禁。

（三）犯本条第一款之罪，并因此造成一人或者更多人死亡的，处五年以上十五年以下监禁。

第二百九十三条 劫持航空器、船只或者其他交通工具罪

（一）使用暴力，或者以使用暴力为胁迫，控制飞行中的航空器、在水域中行驶的船只，或者其他行进中的交通工具的，处二年以上十年以下监禁。

（二）犯本条第一款之罪，并因此而导致严重身体伤害或者巨大财产损失的，处二年以上十二年以下监禁。

（三）犯本条第一款之罪，并因此造成一人或者更多人死亡的，处五年以上十五年以下监禁。

第二百九十四条　海盗罪

（一）某一船只或航空器上的工作人员或乘客，在公海或者其他不属于任何国家管辖的区域针对其他船只上的人员实施殴打、抢劫、关押、劫持的，或者毁损、破坏船只或货物并因此而造成巨大财产损失的，处二年以上十二年以下监禁。

（二）犯本条第一款之罪，并因此造成一人或者更多人死亡的，处五年以上十五年以下监禁。

第二百九十五条　懈怠交通监管职责罪

（一）受委托监管交通主干道及其设施以及交通工具或公共交通工具的运行状况及其养护工作的责任人员，或监管驾驶员是否按照法定要求进行驾驶的责任人员，或受委托管理运输的责任人员不谨慎执行其职责，并因此而危及民众生命及身体安全，或者具有巨大价值的财产安全的，处六个月以上五年以下监禁。

（二）相关责任人员，如果明知驾驶员由于疲劳、饮酒或其他原因不能安全驾驶车辆，或机动车存在某种故障，但仍然命令其继续驾驶，或准许其继续驾驶，并因此而危及民众生命及身体安全，或者具有巨大价值的财产安全的，依照本条第一款之规定处罚。

（三）过失犯本条第一款之罪的，处三年以下监禁。

第二百九十六条 拒不救助交通事故受伤人员罪

（一）机动车或其他交通工具的驾驶人员，对于因受到其所驾驶的机动车或其他交通工具撞击而身体受伤的被害人拒不提供救助而驾车离去的，处罚金或者三年以下监禁。

（二）犯本条第一款之罪，并因此而造成被害人身体严重伤害的，处六个月以上五年以下监禁。

（三）犯本条第一款之罪，并因此而造成被害人死亡的，处一年以上八年以下监禁。

第二百九十七条 严重危害交通安全的犯罪

（一）犯本法第二百八十九条第一款及第二款、第二百九十条第一款及第二款、第二百九十一条第一款以及第二百九十五条第一款及第二款之罪，并因此而导致他人身体严重伤害或造成巨大财产损失的，处一年以上八年以下监禁。

（二）犯本法第二百八十九条第一款及第二款、第二百九十条第一款及第二款、第二百九十一条第一款以及第二百九十五条第一款及第二款之罪，并因此而导致一人或更多人死亡的，处二年以上十二年以下监禁。

（三）犯本法第二百八十九条第三款、第二百九十条第三款、第二百九十一条第二款以及第二百九十五条第三款之罪，并因此而导致他人身体严重伤害或造成巨大财产损失的，处四年以下监禁。

（四）犯本法第二百八十九条第三款、第二百九十条第三款、第二百九十一条第二款以及第二百九十五条第三款之罪，并因此而造成一人或更多人死亡的，处一年以上八年以下监禁。

（五）就犯本条第一款至第四款之罪的犯罪人而言，法庭应当对其宣告适用禁止驾驶机动车的保安处分措施。

第二十七章　危害计算机数据安全的犯罪

第二百九十八条　毁损计算机数据及程序罪

（一）未经授权，删除、更改、毁损、隐藏，或者以其他方式使得某一计算机数据或者程序不能正常使用的，处罚金或者一年以下监禁。

（二）犯本条第一款之罪，并因此而造成超过四十五万第纳尔的财产损失的，处三个月以上三年以下监禁。

（三）犯本条第一款之罪，并因此而造成超过一百五十万第纳尔的财产损失的，处三个月以上五年以下监禁。

（四）被用于犯本条第一款至第三款之罪的器材及设备，应当予以没收。

第二百九十九条　蓄意破坏计算机罪

以阻止，或者严重扰乱对于政府机关、企业或者其他法人而言具有重要意义的数据的电子处理程序及交换为目的，输入、毁损、删除、更改、破坏、隐藏计算机数据或程序的，或者通过其他方式妨碍计算机数据或程序正常使用的，或者毁损或破坏某一计算机或者其他用以进行数据的电子处理及交换的设备的，处六个月以上五年以下监禁。

第三百条　生产散布计算机病毒罪

（一）以向他人计算机或计算机网络散布计算机病毒为目的，制造计算机病毒的，处罚金或者六个月以下监禁。

（二）向他人计算机或计算机网络散布计算机病毒，并因此而导致他人计算机、计算机网络遭受损害的，处罚金或者二年以下监禁。

（三）被用于犯本条第一款及第二款之罪的器材及设备，应当予以没收。

第三百零一条　计算机诈骗罪

（一）以为自己或第三方非法牟利为目的，或者以给他人造成损失为目的，输入不真实资料、不输入或者以其他方式隐藏真实资料，并因此而影响数据的电子处理或者交换的，处罚金或者三年以下监禁。

（二）犯本条第一款之罪，并因此而牟利超过四十五万第纳尔的，处一年以上八年以下监禁。

（三）犯本条第一款之罪，并因此而牟利超过一百五十万第纳尔的，处二年以上十年以下监禁。

（四）出于恶作剧而犯本条第一款之罪的，处罚金或者六个月以下监禁。

第三百零二条　未经授权接入他人计算机、计算机网络或者数据处理系统罪

（一）绕开计算机防护系统，未经授权接入他人计算机、计算机网络或者其他数据处理系统的，处罚金或者六个月以下监禁。

（二）录制或者使用通过本条第一款行为所获得之数据的，处罚金或者二年以下监禁。

（三）犯本条第一款之罪，并因此而导致数据电子处理及交换中断或者计算机网络无法正常运转的，或者造成其他严重危害后果的，处三年以下监禁。

第三百零三条　阻止或限制接入公共计算机网络罪

（一）未经授权阻止或者妨碍接入公共计算机网络的，处罚金或者一年以下监禁。

（二）公职人员利用职权犯本条第一款之罪的，处三年以下监禁。

第三百零四条　未经授权使用计算机或者计算机网络罪

（一）以为自己或第三方非法牟利为目的，未经授权使用他人计算机或者计算机网络的，处罚金或者三个月以下监禁。

（二）犯本条第一款之罪的，告诉的才处理。

第三百零四条－a　制造、获取或者提供用于侵害计算机数据安全的工具罪

（一）持有、制造、获取、销售，或者给他人提供用于实施本法第二百九十八条至第三百零三条之罪的计算机、计算机系统、计算机程序及数据的，处六个月以上三年以下监禁。

（二）本条第一款中的物品，应当予以没收。

第二十八章　危害塞尔维亚共和国宪法秩序及国家安全的犯罪

第三百零五条　危害国家独立罪

试图违背宪法，促使塞尔维亚共和国从属于或依附于其他国家的，处三年以上十五年以下监禁。

第三百零六条　承认投降及占领罪

塞尔维亚共和国公民，签署或者承认投降协议的，或者接受、承认敌国对塞尔维亚共和国全部或部分领土的军事占领的，处十年以上监禁。

第三百零七条 危害领土完整罪

使用武力或者以其他违背宪法的方式，试图放弃塞尔维亚共和国部分领土的，或者试图使得他国吞并该部分领土的，处三年以上十五年以下监禁。

第三百零八条 危害宪法秩序罪

使用暴力或者以使用暴力为胁迫，试图改变塞尔维亚共和国宪法秩序或者推翻塞尔维亚共和国最高国家当局的，处三年以上十五年以下监禁。

第三百零九条 煽动叛乱罪

（一）以危及塞尔维亚共和国宪法秩序或国家安全为目的，鼓动或者煽动使用武力改变塞尔维亚共和国宪法秩序或者推翻塞尔维亚共和国最高国家当局及其代表的，处六个月以上五年以下监禁。

（二）在外国势力的援助下，犯本条第一款之罪的，处一年以上八年以下监禁。

（三）以散发为目的，制造或者复制包含有鼓动或者煽动实施本条第一款中叛乱犯罪的内容的资料的，或者将上述资料带往或者转送至塞尔维亚共和国境内的，或者以由自己或者他人散发为目的，持有大量上述资料的，处三个月以上三年以下监禁。

第三百一十条 刺杀国家最高官员罪

以危及塞尔维亚共和国宪法秩序或国家安全为目的，刺杀塞尔维亚共和国总统、国会议长、政府总理、政府各部部长、宪法法院院长、最高法院院长以及总检察长的，处十年以上监禁，或者三十年以上四十年以下监禁。

第三百一十一条　武装叛乱罪

（一）参与直接危害塞尔维亚共和国宪法秩序，国家安全及领土完整的武装叛乱的，处三年以上十五年以下监禁。

（二）组织或者领导武装叛乱的，处五年以上监禁。

第三百一十二条　恐怖活动罪

以危及塞尔维亚共和国宪法秩序或国家安全为目的，实施或者威胁实施爆炸、放火或者其他一般性危害公共安全行为，或者实施或者威胁实施诱拐、绑架、非法拘禁或者其他暴力行为，或者威胁使用核物质、化学物质、细菌或者其他危险物质，并因此在塞尔维亚共和国公众之间制造出某种不安全感或恐惧感的，处五年以上十五年以下监禁。

第三百一十三条　蓄意破坏罪

以危及塞尔维亚共和国宪法秩序或国家安全为目的，以拆除、放火或其他方式破坏或毁损塞尔维亚共和国的工业、农业，或其他经济设施以及交通工具、工厂设备、通讯设施、公用供水供暖供气供电设施或其他各种公共能源体系以及大坝、仓库或其他对国家安全、国民经济或民众日常生活具有重要价值的设施的，处五年以上十五年监禁。

第三百一十四条　暗中实施破坏活动危害国家安全罪

以危及塞尔维亚共和国宪政秩序或国家安全为目的，在履行其职责期间，实施隐蔽性、欺诈性或其他手段而对其所工作的国家机关、单位或部门，或者其他国家机关、单位或部门造成超过一百五十万第纳尔的财产损失的，处五年以上十五年以下监禁。

第三百一十五条　间谍罪

（一）将军事、经济或者官方秘密泄露、移交给外国政府、组织或为外国政府、组织服务的人员的，或使得外国政府、组织或为外国政府，组织服务的人员获取该秘密的，处三年以上十五年以下监禁。

（二）在塞尔维亚共和国境内建立并管理服务于外国政府的情报网络的，处五年以上十五年以下监禁。

（三）加入外国情报机关为其搜集情报的，或以其他方法为外国情报机关提供帮助的，处一年以上十年以下监禁。

（四）以将秘密情报或文件泄露或移交给外国政府、组织或为外国政府、组织服务的人员为目的，搜集秘密情报或文件的，处一年以上八年以下监禁。

（五）犯本条第一款及第二款之罪而对塞尔维亚共和国国家安全、经济或军事利益造成严重损失的，处十年以上监禁。

（六）“军事、经济或者官方秘密”是指被法律或规章，或有权机关依法通过的决议所认定为秘密的情报或文件以及仅能够由特定范围的人员才能接触的情报或者文件，泄露该秘密应当导致或者可能导致塞尔维亚共和国的安全、国防、政治、经济和军事利益遭受损失。

第三百一十六条　泄露国家秘密罪

（一）受委托保管国家秘密者，未经授权将国家秘密泄露、移交他人的，或以其他方式使得他人获取该国家秘密的，处一年以上十年以下监禁。

（二）明知自己以非法方式获得了国家秘密，而将其泄露给他人的，处六个月以上五年以下监禁。

（三）在战争期间或在紧急事态期间，犯本条第一款之罪的，或因犯本条第一款之罪而危及塞尔维亚共和国国家安全、经济或军事利益的，处三年以上十五年监禁。

（四）过失犯本条第一款之罪的，处六个月以上五年以下监禁。

（五）“国家秘密”是指被法律或规章，或有权机关依法通过的决议所认定为国家秘密的情报或文件，泄露该秘密应当导致或者可能导致塞尔维亚共和国的安全、国防、政治、经济和军事利益遭受损失。

（六）本条第五款中的国家秘密不包括命令实施严重侵犯人类基本权利、危害塞尔维亚共和国宪法秩序及国家安全犯罪的信息或者文件，也不包括意图隐瞒应当被判处五年或者五年以上犯罪行为的信息或者文件。

第三百一十七条　煽动民族、种族或宗教仇恨、矛盾或争斗罪

（一）煽动或者激化在塞尔维亚共和国境内生活的各民族及种族之间的民族及种族或宗教仇恨或者争斗的，处六个月以上五年以下监禁。

（二）通过实施暴力、虐待、危及安全、辱蔑民族及种族或宗教象征、毁坏其他民族财物、亵渎纪念物、坟墓等行为，犯本条第一款之罪的，处一年以上八年以下监禁。

（三）滥用其职权或滥用授权犯本条第一款及第二款之罪，或因犯本条第一款及第二款之罪而在民众中造成骚乱或暴力事件，或造成在塞尔维亚共和国境内生活的各民族及种族的和平共存造成严重危害后果，犯本条第一款之罪的，处一年以上八年以下监禁；犯本条第二款之罪的，处二年以上十年以下监禁。

第三百一十八条　侵犯塞尔维亚共和国领土主权罪

违反国际法规则，入侵塞尔维亚共和国领土的，处一年以上八年以下监禁。

第三百一十九条 阴谋组建违宪活动组织罪

（一）组建某一企图实施本法第三百零五条至第三百一十条以及本法第三百一十二条至第三百一十四条之罪的犯罪团伙或有组织犯罪集团的，依照该犯罪团伙或者有组织犯罪集团所组织实施的犯罪的法定刑处罚。

（二）参加本条第一款中的犯罪团伙或者有组织犯罪集团的，处六个月以上五年以下监禁。

（三）犯本条第一款之罪者，如果自愿揭发该犯罪组织，或以其他方式防止本条第一款所列举的犯罪发生的，处三年以下监禁，也可以免予处罚。

（四）本条第三款中的犯罪团伙或者有组织犯罪集团的成员，在犯本条第一款所列举的犯罪之前，自愿揭发该犯罪组织的，处一年以下监禁，也可以免予处罚。

第三百二十条 阴谋危害塞尔维亚共和国宪法秩序及国家安全罪

（一）阴谋实施本法第三百零五条至第三百一十四条以及第三百一十五条第一款及第二款之犯罪的，处一年以上五年以下监禁。

（二）本法第一款中的“阴谋实施”是指，设法获得、或者保证获得犯罪工具、消除犯罪障碍、制订犯罪计划、与其他犯罪人商议，或者采取其他行动，从而为直接实施犯罪创造条件。

（三）向塞尔维亚共和国境内派遣或运输人员、武器、爆炸物、毒药、装备、弹药或者其他用于实施本章一个或者一个以上犯罪的物品的，处二年以上十年以下监禁。

第三百二十一条　严重危害塞尔维亚共和国宪法秩序和国家安全的犯罪

（一）犯本法第三百零七条至第三百零九条、本法三百一十二条至第三百一十五条之罪，并因此而导致一人或者更多人死亡的，或者危及公众生命安全的，或者使用严重暴力的，或者造成严重危害后果的，或者危害塞尔维亚共和国安全、经济或军事利益的，处十年以上监禁。

（二）犯本条第一款所列举之罪时，故意杀害一人或者更多人的，处十年以上监禁，或者三十年以上四十年以下监禁。

（三）在战争及武装冲突期间或在紧急事态期间，犯本法第三百零七条、第三百零九条至第三百一十二条、第三百一十四条至第三百一十九条，以及第三百二十条第二款之罪的，依照本条第二款之规定处罚。

第二十九章　针对政府权力的犯罪

第三百二十二条　妨碍公务罪

（一）以使用暴力或以使用暴力相威胁，阻止公职人员在其职责范围之内执行公务的，或强迫其执行公务的，处三个月以上三年以下监禁。

（二）犯本条第一款之罪时，虐待或侮辱公职人员的，或导致其身体轻微伤害的，或以使用武器相威胁的，处六个月以上五年以下监禁。

（三）针对正在担负维护公共或国家安全、维护公共秩序及安全、预防或侦破犯罪、抓捕犯罪人以及看押被剥夺自由人员职责的公职人员，犯本条第一款及第二款之罪的，处一年以上八年以下监禁。

（四）犯本条第一款及第三款之罪，并因此而导致公职人员严重身体伤害的，犯本条第一款之罪的，处一年以上八年以下监禁；犯本条第三款之罪的，处二年以上十年以下监禁。

（五）犯本条第一款之罪的，处罚未遂。

（六）因被公职人员之非法行为或粗暴行为所激怒，并因此而犯本条第一款、第二款及第三款之罪的，可以免予处罚。

第三百二十三条　攻击正在执行公务的公职人员罪

（一）攻击或者威胁攻击正在执行公务的公职人员的，处三个月以上三年以下监禁。

（二）犯本条第一款之罪时，导致公职人员轻微身体伤害的，或者以使用武器相威胁的，处六个月以上五年以下监禁。

（三）针对正在担负公共安全或国家安全的公职人员，犯本条第一款及第二款的，处一年以上八年以下监禁。

（四）犯本条第一款及第三款之罪，并因此而导致公职人员严重身体伤害的，犯本条第一款之罪的，处一年以上八年以下监禁；犯本条第三款之罪的，处二年以上十年以下监禁。

（五）犯本条第一款之罪的，处罚未遂。

（六）因被公职人员之非法行为或粗暴行为所激怒，并因此而犯本条第一款、第二款及第三款之罪的，可以免予处罚。

第三百二十四条　加入妨碍执行公务犯罪的组织罪

（一）加入某一通过实施共同行动而阻止公职人员执行公务或者强迫其不执行公务的组织的，处二年以下监禁。

（二）本罪处罚未遂。

（三）领导上述组织的，处六个月以上五年以上监禁。

第三百二十五条　废止

第三百二十六条　拒不参与消除一般危险罪

违反有关主管机关或者部门的命令，没有正当理由拒不参加消除由于火灾、洪水、地震或者其他灾害所产生的一般危险的，处罚金或者三个月以下监禁。

第三百二十七条　移除或毁损官方图章或标记罪

（一）移除或毁损官方设置的证明物品或房屋已被抵押的图章或标记的，或虽未移除或毁损上述图章或标记，但却进入被抵押的房屋或拆开被抵押的物品的，处罚金或一年以下监禁。

（二）本罪处罚未遂。

第三百二十八条　夺取或破坏官方图章或文件罪

（一）非法夺取、隐藏、破坏、毁损属于政府机关，或者其他行使行政管理职能的事业单位、协会或者法人所有的或者由其保管的官方图章、账簿、文件或证书，或以其他方式使得上述图章、账簿、文件或证书无法正常使用的，处三年以下监禁。

（二）本罪处罚未遂。

第三百二十九条　冒充公职人员罪

（一）以为自己或他人牟取利益或给第三人造成损失为目的，冒充公职人员或军事人员的，或未经授权佩戴公职人员或军事人员徽章的，处罚金或者三年以下监禁。

（二）实施只有经过公职人员或军事人员特别授权才能实施的行为的，依照本条第一款之规定处罚。

第三百三十条　任意行使权利罪

（一）任意行使自己权利或其认为属于自己的权利的，处罚金或者一年以上五年以下监禁。

（二）为他人而犯本条第一款之罪的，依照本条第一款之规定处罚。

（三）犯本条第一款及第二款之罪，并因此而给其他公民造成损害的，告诉的才处理。

第三十章　妨害司法的犯罪

第三百三十一条　拒不举报犯罪预备行为罪

（一）明知他人正在预备实施依法应被判处五年或五年以上监禁的犯罪，而在能够对该犯罪行为进行阻止时，未能向有关单位举报，并因此而导致该犯罪行为得以实施的，处罚金或者一年以下监禁。

（二）明知他人正在预备实施依法应被判处三十年以上四十年以下监禁之犯罪，而未能向有关单位举报的，处三个月以上三年以下监禁。

（三）行为人虽未能向有关单位举报本条第一款所规定之罪，但如果其是犯罪人的配偶、同居者、直系血亲、兄弟姐妹、养父母或养子女、前配偶或者前同居者，则不应受刑罚处罚。

第三百三十二条　拒不举报犯罪行为或者犯罪人罪

（一）明知他人已经犯有依法应被判处三十年以上四十年以下监禁的犯罪，或者明知有此种犯罪行为发生，但是在该犯罪人或者该犯罪被查获之前，拒不向有关机关举报的，处三年以下监禁。

（二）公职人员在履行职务期间所发现依法应被判处五年或五年以上监禁的犯罪，但有意不向有关机关举报的，处六个月以上五年以下监禁。

（三）公职人员或者有关责任人员明知其下属在履行公务、军事或者其他职责时犯有依法应被判处三十年以上四十年以下监禁的犯罪，但有意不向有关机关进行举报的，处一年以上八年以下监禁。

（四）行为人虽未能向有关单位举报本条第一款及第二款所规定之罪，但如果其是犯罪人的配偶、同居者、直系血亲、兄弟姐妹、养父母或养子女、前配偶或者前同居者，或者是犯罪人的辩护律师、医生或者顾问，则行为人不应受刑罚处罚。

第三百三十三条　事后帮助罪

（一）藏匿犯罪人或掩饰犯罪工具、犯罪痕迹的，或以其他方式帮助犯罪人不被查获的，或藏匿已被判处有罪之人的，或采取其他行为使法庭所宣告之判决、保安处分措施或者被要求送往教育机构或者矫正机构进行的教育矫正措施无法被执行的，处罚金或者三年以下监禁。

（二）对犯法定刑为五年或五年以上监禁之罪的犯罪人提供帮助的，处六个月以上五年以下监禁。

（三）对犯法定刑为三十年以上四十年以下监禁之罪的犯罪人提供帮助的，处一年以上八年以下监禁。

（四）犯本条第一款之罪所应判处之刑罚，在种类或程度上，均不得重于其所帮助的犯罪人所应判处的刑罚。

（五）如果实施事后帮助的行为人是犯罪的配偶、同居者、直系血亲、兄弟姐妹、养父母或养子女、前配偶或者前同居者，则行为人不应受刑罚处罚。

第三百三十四条　虚假举报罪

（一）明知他人不是犯罪人，而举报他人犯有应被提起公诉之罪的，处三个月以上三年以下监禁。

（二）明知他人不曾犯有应被提起公诉之犯罪，而以布置犯罪痕迹或以其他方式导致该人因涉嫌应被提起公诉之罪而被提起刑事诉讼的，处六个月以上五年以下监禁。

（三）行为人不曾犯有应被提起公诉之罪，而举报自己犯有该罪的，处罚金或者一年以下监禁。

（四）明知没有应被提起公诉之罪发生，而进行犯罪举报的，依照本条第三款之规定处罚。

第三百三十五条　伪证罪

（一）目击证人、鉴定人、翻译人，或口译员在法庭程序、惩戒程序、微罪程序或行政程序中，提供虚假陈述的，处三年以下监禁。

（二）当事人在法庭程序中，或在行政程序中作证时，提供虚假陈述，并且相关部门在该程序中基于此陈述而做出相应决定的，依照本条第一款之规定处罚。

（三）在刑事诉讼中或者在经过宣誓之后，提供上述虚假陈述的，处三个月以上五年以下监禁。

（四）犯本条第三款之罪，并因此而给被告人造成特别严重后果的，处一年以上八年以下监禁。

（五）如果出于自愿，在相关部门所通过的决定生效之前，撤回其虚假陈述的，可以免予处罚。

第三百三十六条　收买证人罪

（一）以使目击证人、鉴定人或者另一方当事人在法庭程序或者行政程序中提供虚假陈述为目的，向其提供，或者许诺提供礼物或者其他利益，或者对其使用暴力或者以使用暴力相威胁，并因此而对该程序结果产生实质影响的，处六个月以上五年以下监禁并处罚金。

（二）以阻止或者妨碍作证为目的，藏匿、破坏、毁损，或者使得他人的文件或者其他能够作为证据使用的物品部分或者完全不能使用的，处六个月以上三年以下监禁并处罚金。

（三）移动、破坏、毁损、转移或者重新定位边界石、土地界标以及其他用于证明所有权，或不动产权及用水权等产权的相关标识的，或以同样之目的设置该标识的，依照本条第二款之规定处罚。

（四）在刑事诉讼程序中，犯本条第二款之罪的，处六个月以上五年以下监禁并处罚金。

第三百三十六条－a　未经授权评论法庭程序罪

在法庭程序中，在法庭最终决定尚未公布之前，以妨碍无罪推定原则及法官独立原则为目的，以通过媒体对案件的审理做出公开评论的，处六个月以下监禁并处罚金。

第三百三十六条－b　妨碍司法罪

（一）鼓动抵制或者拒不执行法庭判决的，或者以其他方式干扰法庭程序正常进行的，处三年以下监禁并处罚金。

（二）侮辱、使用暴力、威胁，或者以其他方法干扰或者阻止法官、检察官或者检察官助手行使审判或者起诉职责的，处六个月以上五年以下监禁并处罚金。

（三）犯本条第二款之罪，并因此而导致法官、检察官或者检察官助手身体轻微伤害的，或者以使用武器相威胁的，处一年以上八年以下监禁。

（四）犯本条第二款之罪，并因此而导致法官、检察官或者检察官助手身体严重伤害的，处二年以上十年以下监禁。

第三百三十七条　侵犯诉讼秘密罪

（一）行为人未经授权，披露其所知道的在法庭程序、微罪程序、行政程序或者其他法律程序中依照法律而禁止被公开的信息，或者依照法庭或者其他有权机关的决定而被确定为秘密的信息的，处罚金或者一年以下监禁。

（二）未经法庭许可，公布针对青少年人的刑事诉讼程序的整个过程或者其处理结果的，或者公布针对青少年的诉讼程序中该青少年人的姓名的，或者公布能够泄露青少年人身份的相关信息的，依照本条第一款之规定予以处罚。

（三）未经授权，披露受到某一刑事诉讼程序或者某一特殊程序保护的人员的身份或者个人资料的，处六个月以上五年以下监禁。

（四）犯本条第三款之罪，并因此而给受到保护的人员造成严重危害后果的，或者严重干扰或者妨碍刑事诉讼程序的正常进行的，处一年以上八年以下监禁。

第三百三十八条　被羁押人员骚乱罪

（一）被依法剥夺人身自由的人员，以使用暴力而使他们逃离监管场所为目的，或者以共同攻击监管场所的公职人员为目的，或者以使用暴力或以使用暴力为严重威胁而强迫公职人员违背其职责实施或不实施某一行动为目的，参加被羁押人员聚会的，处三年以下监禁。

（二）犯本条第一款罪时，使用暴力或者威胁使用暴力的，处六个月以上五年以下监禁。

第三百三十九条　被羁押人员脱逃罪

（一）被依法剥夺人身自由的人员，通过使用暴力或者以实施直接攻击他人生命或身体为威胁，从被羁押的监管场所中脱逃的，处六个月以上五年以下监禁。

（二）通过使用暴力、威胁、欺诈或者其他行为，导致被依法剥夺人身自由的人员得以脱逃的，依照本条第一款之规定处罚。

（三）以有组织犯罪集团形式犯本条第一款及第二款之罪的，或者导致大量被依法剥夺人身自由的人员得以脱逃的，处一年以上八年以下监禁。

第三百四十条　拒不执行裁决罪

（一）公职人员或者相关责任人员，拒绝执行法庭的最终裁决的，或者在法律或者裁决所确定的最终期限之前未能执行该裁决的，处三个月以上三年以下监禁并处罚金。

（二）犯本条第一款之罪，如果执行了法庭的最终裁决，可以免予处罚。

第三百四十一条　为非法从事某种特殊职业、职责、岗位、任务及活动提供便利罪

明知针对他人的保安处分措施、保护性监管措施已经实施，或者针对他人的定罪的法律后果已经生效，而在该保安处分、保护性监管措施或者定罪的法律后果中对该人有明确禁止性规定，但为该人从事某种职业、职责、岗位、任务及活动提供便利条件的，处罚金或者二年以下监禁。

第三百四十二条　非法提供法律服务罪

未经授权，以获取报酬为目的，向他人提供法律服务的，处罚金或者二年以下监禁。

第三十一章　侵害公共和平和秩序的犯罪

第三百四十三条　导致恐慌或混乱罪

（一）故意披露或者散布虚假信息或者声明，并因此而导致恐慌，或者严重扰乱公共和平及秩序，或者阻止或者严重妨碍政府部门的执法活动或者有关组织行使行政管理职权的，处三个月以上三年以下监禁并处罚金。

（二）通过媒体或者以相似方式，或者在公共集会上犯本条第一款之罪的，处六个月以上五年以下监禁。

第三百四十四条　暴行罪

（一）通过对他人实施粗鲁侮辱、虐待、直接暴力，引发争斗或者其他粗野行为，并因此而严重干扰他人正常活动或者严重扰乱公共和平及秩序的，处三个月以上三年以下监禁。

（二）以犯罪团伙的形式犯本条第一款之罪的，或者在犯本条第一款之罪时，导致被害人轻微身体伤害或者严重侮辱被害人尊严的，处六个月以上五年以下监禁。

第三百四十四条－a　在体育活动中实施暴力罪

（一）非法进入体育场或者参赛方的支持者或者反对者所在的观众区的，对体育活动参赛者实施身体攻击或者进行打斗的，或者在参赛方进入或者离开运动场时实施暴力的，或者将烟花装置或者其他能够导致参赛方运动员身体伤害或者能够危及其身体健康的爆炸物、可燃物、有害物带入体育场所，或者将其投掷到比赛区域或者观众席的，或者破坏体育场所、及其装备、器具及设施的以及其在体育活动中的行为或者标语口号引发民族、种族及宗教仇恨或者争斗，并因此而导致对参赛方运动员实施身体暴力的，处六个月以上五年以下监禁并处罚金。

（二）以犯罪团伙形式犯本条第一款之罪的，处一年以上八年以下监禁。

（三）领导指挥本条第一款中的犯罪团伙的，处三年以上十二年以下监禁。

（四）犯本条第一款之罪时引发骚乱，并因此而导致他人严重身体伤害或者造成巨大财产损失的，处二年以上十年以下监禁。

（五）组织体育活动的公职人员或相关责任人员，由于未能采取旨在预防或制止体育骚乱的安保措施，并因此而危及大量民众的生命健康安全及具有巨大价值的财产安全的，处罚金或者三年以下监禁。

第三百四十五条　共谋实施犯罪行为罪

与他人共谋实施可能会被判处五年或五年以上监禁的犯罪的，处罚金或者一年以下监禁。

第三百四十六条　组建犯罪同盟罪

（一）为实施可能会被判处三年或三年以上监禁之犯罪，而组建某一犯罪团伙的，如果该组建行为并不构成其他更严重的犯罪，处六个月以上五年以下监禁。

（二）组建有组织犯罪集团的，如果该组建行为并不构成其他更严重的犯罪，处一年以上八年以下监禁。

（三）加入本条第一款中的犯罪团伙的，处三个月以上三年以下监禁。

（四）加入本条第二款中的有组织犯罪集团的，处六个月以上五年以下监禁。

（五）就本条第一款及第二款中的犯罪团伙或有组织犯罪集团而言，如果其组建目的是为了实施可能会被判处二十年监禁，或者三十年以上四十年以下监禁的犯罪，则该犯罪团伙或有组织犯罪集团的组织者，应处十年以上监禁，或者三十年以上四十年以下监禁，该犯罪团伙或有组织犯罪集团的参加者，应处六个月以上五年以下监禁。

（六）如果本条第一款、第二款及第五款中的犯罪团伙或者有组织犯罪集团的组织者主动揭发该犯罪团伙或者有组织犯罪集团的，或者阻止该犯罪团伙或者有组织犯罪集团实施犯罪活动的，处三年以下监禁，也可以免予处罚。

（七）如果本条第三款至第五款中的犯罪团伙或者有组织犯罪集团的参加者，在作为该犯罪团伙或有组织犯罪集团的成员或者代表该犯罪团伙或有组织犯罪集团的利益而实施犯罪之前，揭发该犯罪团伙或者有组织犯罪集团，处罚金或者一年以下监禁，也可以免予处罚。

第三百四十七条　制造及获取用于犯罪的武器及工具罪

制造，或者使他人能够获得明知是用于犯罪的武器、爆炸物或者制造该武器、爆炸物所需之工具的，或者配制明知是用于犯罪的毒药的，处六个月以上五年以下监禁。

第三百四十八条　非法制造、持有、携带及经营武器及爆炸物罪

（一）未经授权，制造、销售、获取、交换或者持有武器及其部件、弹药或者爆炸物的，处三个月以上三年以下监禁并处罚金。

（二）如果本法第一款中的武器、弹药及爆炸物属于禁止公民生产、销售、获取、交换或者持有的放射性武器或者毒气武器的，处六个月以上五年以下监禁并处罚金。

（三）如果本法第一款中的武器、弹药及爆炸物数量较大的，或者属于具有较大杀伤力而被国际法所禁止使用的武器或者其他装置的，处一年以上八年以下监禁。

（四）未经授权，携带本条第一款及第二款中的物品的，处二年以上十年以下监禁。

（五）武器及其部件、弹药或者爆炸物，应当予以没收。

第三百四十九条　加入实施严重犯罪的犯罪团伙罪

（一）加入某一通过共同行为，而实施杀人、严重身体伤害、毁损具有巨大价值的财物，或者实施应被判处五年或者五年以上监禁的犯罪，或者企图实施上述犯罪的犯罪团伙的，对于单纯参加者，处三个月以上五年以下监禁。

（二）本条第一款中的犯罪团伙的领导者，应处一年以下八年以上监禁。

第三百五十条　非法越境及走私人口罪

（一）未经法定许可，携带武器或者使用暴力穿越或者试图穿越塞尔维亚共和国边境的，处一年以下监禁。

（二）以为自己或者他人牟取利益为目的，使得塞尔维亚共和国以外的公民得以非法穿越塞尔维亚共和国边境的，或者在塞尔维亚共和国逗留的，或者经由塞尔维亚共和国境内被转运的，处六个月以上五年以下监禁。

（三）以犯罪团伙形式或者以危及非法越境者、逗留者及被转运者生命健康的方式犯本条第一款之罪的，或者犯本条第一款之罪时滥用职权或者走私大量人口的处一年以上十年以下监禁。

（四）以有组织犯罪集团形式犯本条第二款之罪的，处三年以上十二年以下监禁。

（五）已经被用于或者意图被用于实施本条第一款至第三款之罪的犯罪工具，应当予以没收。

第三百五十一条 浪费紧急救援时间罪

发出虚假的救援或者紧急事态的信号，或在毫无事实根据情况下打电话求救，并因此而导致相关政府公共服务部门、消防队，或其他相关救助部门在毫无必要的情况下出动人员进行施救的，或者造成交通秩序紊乱的，处罚金或者一年以下监禁。

第三百五十二条 非法组织赌博罪

（一）未经有关主管机关许可，组织进行靠碰运气决定胜负的游戏的，处罚金或者二年以下监禁。

（二）组织或者参与本条第一款中赌博的人员在赌博中采取欺诈手段的，处三个月以上五年以下监禁。

（三）已经被用于或者意图被用于实施本条第一款及第二款之罪的犯罪工具以及赌博所用之物品及其钱款应当予以没收。

第三百五十三条 未取得执照从业罪

未取得执照，以获取报酬为目的从事某种依照法律或者规章的规定需要由有关主管机关或部门颁发从业执照的特定职业的，处罚金或者二年以下监禁。

第三百五十三条－a 未经授权从事考古活动罪

（一）未经授权，从事考古挖掘和研究的，处三年以下监禁并处罚金。

（二）针对受到特殊保护的考古物品或者其他不可移动的文化艺术品犯本条第一款之罪的，或者造成文物或者其他不可移动的文化艺术品被毁灭的，或者使用了探测考古物品所专有的器械或装备的，处六个月以上五年以下监禁并处罚金。

（三）犯本条第一款及第二款之罪而获得的物品，应当予以没收。

第三百五十四条　亵渎坟墓罪

（一）未经授权，挖掘、破坏、毁损或者亵渎坟墓或其他埋葬死者的场所的，处罚金或者三年以下监禁。

（二）未经授权，破坏、毁损、移动或者亵渎墓碑或者死者的其他纪念碑的，依照本条第一款之规定处罚。

（三）犯本条第一款及第二款之罪时，如果构成其他某种更为严重的犯罪，则应当依照该罪定罪处罚。

第三十二章　针对法律文书的犯罪

第三百五十五条　伪造文件罪

（一）以将伪造的文件作为真实文件而使用为目的，伪造文件的，或者以将变造的文件作为真实文件而使用为目的，变造文件的，或者将伪造或变造的文件作为真实文件使用的，或者以将伪造或变造的文件作为真实文件而使用为目的，获取该伪造或变造的文件的，处三年以下监禁。

（二）针对公共文件、遗嘱、汇票、支票、公共或政府记录，或者其他依法必须保存的记录，犯本法第一款之罪的处三个月以上五年以下监禁。

（三）犯本条第一款之罪的，处罚未遂。

第三百五十六条　伪造文书罪的特殊情况

下列行为应当属于伪造文书，并应当依照本法第三百五十五条之规定处罚：

1. 未经授权，在他人已经签名的空白表格、证明，或其他文件上填写对于确定法律关系具有重要影响作用的陈述的；

2. 在某文件内容方面欺骗他人，意图使该人在该文件上签名时误认为自己是在其他文件，或在具有其他内容的文件上签名的；

3. 未经他人授权，以他人之名义，或以并不存在的人之名义签发文件的；

4. 行为人并不具备对文件的证明效力有巨大影响作用的职务、头衔或身份而在签发文件时，注明上述职务、头衔或身份的；以及

5. 在签发文件时，未经授权而使用真实印戳或标识的。

第三百五十七条　伪造公文罪

（一）公职人员在官方文件、记录或档案中输入虚假的数据或不输入重要数据的，或使用其签名或官方印戳认可某一内容虚假的官方文件、记录或档案具有真实性的，或使用其签名或官方印戳使他人能够获得内容虚假的官方文件、记录或档案的，处三个月以上五年以下监禁。

（二）公职人员将内容虚假的官方文件、记录或档案作为真品而使用的，或破坏、隐藏、毁损或以其他方式使官方文件、记录或档案无法正常使用的，依照本条第一款之规定处罚。

（三）某一事业单位、协会或者其他法人中的责任人员，犯本条第一款及第二款之罪的，应分别依照本条第一款及第二款之规定处罚。

第三百五十八条　欺诈他人认可内容虚假的文件罪

（一）通过欺诈有关主管部门，导致该部门以政府文件、会议纪要或者记录的形式，证实某一内容虚假的，被用于证明某种法律关系成立的证据具有真实性的，处三个月以上五年以下监禁。

（二）明知上述政府文件、会议纪要或者记录内容虚假但却予以使用的，依照本条第一款之规定处罚。

第三十三章　违背公职人员职责的犯罪

第三百五十九条　滥用职权罪

（一）公职人员或责任人员滥用其职权，或超越其职权，或不履行其职责，并因此为自己、第三人或者某一法人牟取某种非财产利益的，或者对他人造成损失或者严重侵犯他人权利的，处罚金，或者六个月以上五年以下监禁。

（二）犯本条第一款之罪，并因此而获取的财产利益超过四十五万第纳尔的，处一年以上或八年以下监禁。

（三）如果所获取的财产利益超过一百五十万第纳尔的，处二年以上十二年以下监禁。

第三百六十条　法官、检察官及其助手违背职责罪

（一）法官、陪审员、检察官或者上述人员之助手，以牟取利益或者给一方当事人造成损害为目的，在法庭审理程序中，做出违法决定的，或者故意违背法律行事的，处六个月以上五年以下监禁。

（二）犯本条第一款之罪，并因此而获取的财产利益超过四十五万第纳尔的，处一年以上八年以下监禁。

（三）如果所获取的财产利益超过一百五十万第纳尔的，处二年以上十二年以下监禁。

第三百六十一条　玩忽职守罪

（一）公职人员，违反法律、其他规章或者基本条例，尽管其已经意识到或者应当意识到其行为有可能严重侵犯他人权利，或者可能造成物质损失，但仍然拒不履行监管职责，或者以其他方式蓄意或者有意识地不履行职责，并因此而造成超过四十五万第纳尔损失的，处罚金或者三年以下监禁。

（二）犯本条第一款之罪，并因此而严重侵犯他人权利或者造成超过一百五十万第纳尔损失的，处六个月以上五年以下监禁。

（三）从事商业活动之外的协会或者法人中的责任人员，犯本条第一款及第二款之罪的，分别依照本条第一款及第二款之规定处罚。

第三百六十二条　非法征收及缴纳罪

公职人员，向他人征收其无义务缴纳之款项的，或向他人征收超过其应缴纳金额之款项的，或在自己缴纳相关款项或上交上述款项时故意少缴纳或者少上交的，处罚金或者三年以下监禁。

第三百六十二条－a　不当使用预算资金罪

负责预算资金使用的责任人员或者强制性社会保险组织中的责任人员，承担债务或者批准支付或者费用的金额，比法定预算资金、财政计划或者政府规制所确定的支付金额超出一百万第纳尔的，处罚金或者一年以下监禁。

第三百六十三条　职务欺诈罪

（一）公职人员或者责任人员，在履行职务期间以为自己或者他人牟取非法财产利益为目的，以提交虚假的账目清单，或以其他方法欺骗相关主管人员批准某项非法支付的，处六个月以上五年以下监禁并处罚金。

（二）犯本条第一款之罪，并因此而获取财产利益超过四十五万第纳尔的，处一年以上八年以下监禁并处罚金。

（三）犯本条第一款之罪，并因此而获取财产利益超过一百五十万第纳尔的，处二年以上十年以下监禁并处罚金。

第三百六十四条　职务侵占罪

（一）在政府机构、事业单位、协会或者其他法人或者仓库中任职或者工作的人员，受委托而保管货币、证券或其他可移动财物，但却以为自己或者他人牟取非法财产利益为目的，占有该财物的，处六个月以上五年以下监禁。

（二）犯本条第一款之罪，并因此而获取财产利益超过四十五万第纳尔的，处一年以上八年以下监禁并处罚金。

（三）犯本条第一款之罪，并因此而获取财产利益超过一百五十万第纳尔的，处二年以上十二年以下监禁并处罚金。

第三百六十五条　未经授权使用托管财物罪

在政府机构、事业单位、协会或者其他法人或者仓库中任职或者工作的人员，受委托而保管货币、证券或其他可移动财物，但却未经授权而擅自使用该财物，或者将该财物转交给他人使用的，处六个月以上五年以下监禁。

第三百六十六条　影响力交易罪

（一）以为自己或者他人牟取利益为目的，直接或通过第三人索取或者收受报酬或者其他利益，并因此而利用其官方或者社会地位，或者利用其真正的或者声称的影响力，从而使得某种公职行为得以实施或者无法得以实施的，处六个月以上五年以下监禁。

（二）直接或者通过第三人向他人承诺、提供或者给予报酬或者其他利益，以利用他人的官方或者社会地位，或者利用他人真正的或者声称的影响力，从而使得某种公职行为得以实施或者无法得以实施的，处三年以下监禁。

（三）行为人滥用其官方或者社会地位，或者利用其真正的或者声称的影响力，从而使得某种本不应被实施公职行为得以实施，或者某种本应实施的公职行为无法实施的，处一年以上五年以下监禁。

（四）直接或者通过第三人向他人承诺、提供或者给予报酬或者其他利益，以利用他人的官方或者社会地位，或者利用他人真正的或者声称的影响力，从而使得某种本不应被实施公职行为得以实施，或者某种本应实施的公职行为无法实施的，处六个月以上五年以下监禁。

（五）犯本条第三款之罪时收受报酬或者其他利益的，处二年以上十年以下监禁。

（六）外国公职人员犯本条第一款至第五款之罪的，应当分别按照本条第一款至第五款之规定处罚。

（七）报酬或者其他利益，应当予以没收。

第三百六十七条　索取及收受贿赂罪

（一）公职人员直接或者通过第三人为自己或者他人而索要或收受礼物或其他利益，或接受关于提供礼物或其他利益的承诺，进而在其职权范围以内实施其本不应该实施之公职行为的，或不实施其本应实施的公职行为的，处二年以上十二年以下监禁。

（二）公职人员直接或者通过第三人为自己或者他人而索要或收受礼物或其他利益，或接受关于提供礼物或其他利益的承诺，进而在其职权范围以内实施其本应该实施之公职行为的，或不实施其本来就不应该实施之公职行为的，处二年以上八年以下监禁。

（三）担负侦破犯罪、提起或指挥公诉、宣告或者执行刑事制裁措施职责的公职人员犯本条第一款及第二款之罪的，处三年以上十五年以下监禁。

（四）公职人员在实施或不实施本条第一款至第三款之公职行为后，就该行为而索取或收受礼物或其他财产利益的，处三个月以上三年以下监禁。

（五）外国公职人员犯本条第一款至第四款之罪的，应当分别按照本条第一款至第四款之规定处罚。

（六）在事业单位、协会或者其他法人中的责任人员犯本条第一款、第二款及第四款之罪的，应当分别按照本条第一款、第二款及第四款之规定处罚。

（七）所收受的礼物或所获取的财产利益，应当予以没收。

第三百六十八条　行贿罪

（一）向公职人员或者第三人提供或许诺提供礼物或其他利益，以使该公职人员在职责范围之内实施其不应该实施的公职行为的，或不实施其应该实施的公职行为的，或者为实施此种贿赂行为提供中介活动的，处六个月以上五年以下监禁。

（二）向公职人员或者第三人提供或许诺提供礼物或其他利益，以使该公职人员在职责范围之内实施其本应该实施的公职行为的，或不实施其本不应该实施的公职行为的，或者为实施此种贿赂行为提供中介活动的，处三年以下监禁。

（三）向外国公职人员行贿的，依照本条第一款及第二款之规定处罚。

（四）犯本条第一款至第三款之罪，在知晓其犯罪行为被发现之前主动向有关部门交代的，可以免予处罚。

（五）向某一事业单位、协会或者其他法人中的相关责任人员提供或承诺提供贿赂的，依照本条第一款、第二款及第四款之规定处罚。

（六）在本条第四款之情况下，用于行贿的礼物或其他利益可以返还给行贿人。

第三百六十九条　泄露政府秘密罪

（一）未经授权，交流、传达或以其他方式使他人获得属于政府秘密的信息的，或以将上述信息传达给无权接触政府秘密的人员为目的获取该信息的，处六个月以上五年以下监禁。

（二）犯本条第一款之罪，具有非法牟利之目的的，或者该信息具有特殊秘密性的，或者在国外使用政府秘密的，处一年以上八年以下监禁。

（三）过失犯本条第一款之罪的，处罚金或者三年以下监禁。

（四）所谓“政府秘密”，是指由法律、其他规章，或由有权机关依照法律而通过的决定所宣称为政府秘密的信息或文件，对其泄露应当导致或者可能导致政府部门遭受重大损失。

（五）本条第五款中的“政府秘密”，不包括命令实施严重侵犯人类基本权利、危害塞尔维亚共和国宪法秩序及国家安全犯罪的信息或者文件，也不包括意图隐瞒应当被判处五年或者五年以上犯罪行为的信息或者文件。

（六）公职人员离开其政府职位后泄露政府秘密的，依照本条第一款至第四款之规定处罚。

第三十四章 针对人权和其他受国际法保护的基本权利的犯罪

第三百七十条 灭绝种族罪

以完全或部分灭绝某一民族、人种、种族，或宗教群体为目的，命令对某一群体的成员实施集体屠杀或对其身体或精神健康造成严重损害的，或者严重恶化该群体生存条件以致使其群体完全或部分灭绝的，或采取某种措施阻止该群体人口生育的，或强行将该群体儿童迁入其他群体的，或以相同之目的实施上述数种犯罪的，处五年以上监禁或者三十年以上四十年以下监禁。

第三百七十一条 反人类罪

违反国际法准则，下达命令对该平民群体实施以下大范围系统攻击：实施谋杀的；使某一群体生活条件极度恶化，并因此而造成该群体部分或全部居民灭绝的；实施奴役、驱逐、拷打强奸的；强迫卖淫的；以改变某一群体的种族构成比例为目的，强迫怀孕或者绝育的；基于政治、人种、民族、种族、性别或者其他原因，对他人进行迫害的；拘禁或者绑架他人，但拒不承认非法限制他人自由的事实，从而剥夺其受到法律保护的权利的；压迫某一种族群体，或者建立某一种族统治另一种族的政治体制的；或者以故意造成他人严重痛苦或者健康严重损害为目的，实施类似不人道行为的；或者实施上述数种犯罪的，处五年以上监禁，或者三十年以上四十年以下监禁。

第三百七十二条 针对平民的战争罪

（一）违反国际法准则，在战争、武装冲突，或军事占领期间，发布命令攻击全体平民、居民区、某些平民或丧失作战能力的人员以及人道主义组织或者担负和平使命组织的成员或者设施的；不加选择任意进行攻击，并因此击中平民或者受到国际法特殊保护的平民住所的；明知会造成平民伤亡或者损毁平民住所，并且不会对战争效果产生明显的有利影响，而攻击军事目标的；对平民实施身体伤害、拷打、不人道行为，或对其进行生物、医疗或其他科学实验的；或者以移植为目的取走其组织或器官的；或者实施使平民蒙受严重痛苦的行为，或者严重损害其身体或健康的完整性的；或者下达命令强迫平民搬迁或在其他地方定居，或强迫改变国籍或宗教信仰的；或强迫平民卖淫或强奸平民的；或者实施威胁性或者恐怖性措施，绑架人质，执行集体惩罚，非法将平民送往集中营以及对其实施非法逮捕以及剥夺其应当受到适当及公正审判之权利的；宣称否认敌对国公民的诉讼权利，或者禁止、暂缓行使该权利的；或者强迫平民为敌人武装力量、情报部门或行政机关提供服务的；或征集或招募不满十七周岁的未成年人进入武装部队；或强迫平民劳动，使平民忍受饥饿的；或者在没有正当军事需要的情况下，没收、窃取、破坏平民财产的；或者向平民非法及过度索取捐税或实施征用的；或者使该国货币贬值或非法发行货币的以及实施多种上述犯罪行为的，处五年以上监禁。

（二）违背国际法准则，在战争、武装冲突或军事占领期间，发布命令以下命令：攻击由国际法所特别保护的设施，或者攻击诸如水坝、堤岸、核电站等利用危险性动力的设施或工厂的；打击受国际法特殊保护的民用设施，不设防地区以及非军事区的；

长时间或者大范围破坏自然环境并因此而可能危及平民的生存或健康的以及实施多种上述犯罪行为的，依照本条第一款之规定处罚。

（三）在战争、武装冲突或军事占领期间，下达命令屠杀平民的，或者实施屠杀平民行为的，处十年以上监禁，或者三十年以上四十年以下监禁。

（四）违反国际法准则，在战争、武装冲突或军事占领期间，作为军事占领者下达命令让其公民迁徙到被占领土上定居的，或者执行该命令的，处五年以上监禁。

（五）威胁犯本条第一款及第二款之罪的，处六个月以上五年以下监禁。

第三百七十三条　针对伤病者的战争罪

（一）违反国际法准则，在战争、武装冲突或军事占领期间，针对伤病人员、被弃人员、医疗人员或者宗教神职人员下达如下命令的：伤害身体的，实施拷打或非人道处置的，进行生物或医疗或其他科学实验，为进行移植而取出组织或器官的，实施痛苦折磨或损害身体完整性或健康的以及在没有正当军事需要的情况下破坏或大量侵占医疗机构或单位中的财物、医疗物资、医疗运输工具的以及实施多种上述犯罪行为的，处五年以上监禁。

（二）在战争、武装冲突或军事占领期间，下达命令屠杀伤病人员、被弃人员、医疗人员或者宗教神职人员的，或者实施屠杀上述人员行为的，处十年以上监禁，或者三十年以上四十年以下监禁。

第三百七十四条　针对被俘人员的战争罪

（一）违反国际法准则，针对被俘人员下达如下命令的：伤害身体的，实施拷打或非人道处置的，进行生物或医疗或其他科学实验，为进行移植而取出组织或器官的，实施痛苦折磨或损害身体完整性或健康的，或强迫被俘人员为敌人武装力量服务的，或剥夺其应当受到适当及公正审判之权利的以及实施多种上述犯罪行为的，处五年以上监禁。

（二）下达命令屠杀被俘人员的，或者屠杀被俘人员的，处十年以上监禁，或者三十年以上四十年以下监禁。

第三百七十五条 组织或者教唆实施灭绝种族及非法战争行为罪

（一）与他人共谋实施本法第三百七十条至第三百七十四条之罪的，处三个月以上三年以下监禁。

（二）组建实施本条第一款所称犯罪的犯罪团伙的，处五年以上十五年以下监禁。①

（三）组建实施本条第一款所称犯罪的有组织犯罪集团的，处五年以上监禁。

（四）加入本条第二款中的犯罪团伙的，处一年以上八年以下监禁。

（五）加入本条第三款中的有组织犯罪集团的，处二年以上十二年以下监禁。

（六）犯本条第一款、第四款至第五款之罪，在作为该犯罪团伙或有组织犯罪集团的成员或者代表该犯罪团伙或有组织犯罪集团的利益而实施犯罪之前揭发该犯罪团伙或者有组织犯罪集团的，可以免予处罚。犯本条第二款及第三款之罪，阻止该犯罪团伙或者有组织犯罪集团实施本条第一款所称犯罪的，也可以免予

① 即第 375 条第 1 款中“本法第三百七十条至第三百七十四条之罪”，而不是第 375 条第 1 款行为所构成的犯罪。本条第 2 款及第 6 款中的“本条第一款所成犯罪”都应做如此理解。

处罚。

（七）鼓动或者教唆实施本法第三百七十条至第三百七十四条之罪规定之行为的，处一年以上十年以下监禁。

第三百七十六条　使用禁止使用的武器装备罪

（一）在战争、武装冲突或军事占领期间，下达命令使用被国际法所明确禁止使用的武器装备或者战斗方法的，或者使用被国际法所明确禁止使用的武器装备或者战斗方法的，处二年以上十年以下监禁。

（二）犯本条第一款之罪，并因此而造成大量人员死亡的，处五年以上监禁，或者三十年以上四十年以下监禁。

（三）鼓动使用本条第一款中的武器装备或战斗方法的，或者准备使用本条第一款中的武器装备或战斗方法的，处六个月以上五年以下监禁。

第三百七十七条　非法生产、经营或持有被禁止生产及使用的武器罪

（一）违反法律、其他规章或者国际法准则，生产、购买、销售、进口、出口或者以其他方式获取或者给他人提供，或者储藏、运输被禁止生产或者使用的武器装备以及制造该武器装备的工具的，处一年以上八年以下监禁。

（二）公职人员或者责任人员命令或者使得某一法人实施本条第一款之行为的，处二年以上十年以下监禁。

第三百七十八条　非法杀害及伤害敌军人员罪

（一）违反国际法准则，在战争或武装冲突期间，杀害或伤害已经放下武器，或已经无条件投降，或失去防御武器的敌军人员的，处一年以上十五年以下监禁。

（二）以背信弃义方式或者出于其他卑劣动机犯本条第一款

之罪的，处十年以上监禁。

（三）以残忍手段或者以牟利为目的犯本条第一款之罪的，或造成数人被杀害的，处十年以上监禁，或者三十年以上四十年以下监禁。

（四）违反国际法准则，在战争或武装冲突期间下达对敌军人员实施格杀勿论的军事命令的，或者按照格杀勿论的目标作战的，依照本条第三款之规定处罚。

第三百七十九条 非法获取死伤者物品罪

（一）下达命令在战场上非法获取死伤者物品的，或实施上述非法获取死伤者物品行为的，处一年以上五年以下监禁。

（二）以残忍方式犯本条第一款之罪的，或者所获得财产之价值超过四十五万第纳尔的，处一年以上八年以下监禁。

（三）犯本条第一款之罪，所获得财产之价值超过一百万第纳尔的，处二年以上十年以下监禁。

第三百八十条 侵犯停战或调停旗帜携带者所受到的特殊保护权罪

在战争或武装冲突期间，违反国际法准则，侮辱、虐待，或者拘禁携带停战或调停旗帜的人员及其随从的，或者阻止其返回的，或者以其他某种方式侵犯其不可侵犯性的，或者命令实施上述行为的，处六个月以上五年以下监禁。

第三百八十一条 以残忍方式对待伤病者及战俘罪

违反国际法准则，以残忍方式对待伤病者及战俘，或者阻止或妨碍上述人员行使国际法所赋予的权利的，或者命令实施上述行为的，处六个月以上五年以下监禁。

第三百八十二条 没有正当理由延误遣返战俘罪

在战争或武装冲突结束之后，没有正当理由延误战俘或平民遣返的，或命令实施上述行为的，处六个月以上五年以下监禁。

第三百八十三条　破坏文化及历史纪念物罪

（一）在战争或武装冲突期间，违反国际法准则，破坏文化、历史纪念物的，或者破坏其他文艺作品、宗教设施或者机构，或者用于艺术、科学、教育或慈善事业的设施的，或者命令实施上述行为的，处三年以上十五年以下监禁。

（二）犯本条第一款之罪，并因此而致使受到国际法特殊保护的人类文化设施或者建筑物遭受破坏的，处五年以上十五年以下监禁。

第三百八十四条　未能阻止侵犯人权及其他受到国际法保护的基本权利的犯罪的刑事责任

（一）军事指挥人员以及执行相同职责的人员，明知受其直接指挥或控制的常规或准军事武装部队，正在准备实施或者已经着手实施本法第三百七十条至第三百七十四条、第三百七十六条、第三百七十八条至第三百八十一条以及第三百八十三条之犯罪，本来能够或者本来有义务采取必要措施予以制止的，但却未能采取任何措施予以制止，并因此而导致该犯罪行为得以实施完毕的，应当依照该犯罪之法定刑承担相应之刑事责任。

（二）上级军事官员，明知受其直接指挥或控制的常规或准军事武装部队，正在准备实施或者已经着手实施本法第三百七十条至第三百七十四条、第三百七十六条、第三百七十八条至第三百八十一条以及第三百八十三条之犯罪，本来能够或者本来有义务采取必要措施予以制止的，但却未能采取任何措施予以制止，并因此而导致该犯罪行为得以实施完毕的，应当依照该犯罪之法定刑承担相应之刑事责任。

（三）过失犯本条第一款及第二款之罪的，处六个月以上五年以下监禁。

第三百八十四条－a　干扰国际组织所实施的制裁罪

（一）违反塞尔维亚共和国所参加的国际组织做出的塞尔维亚共和国及其公民以及在塞尔维亚共和国登记注册的法人应当遵守的，旨在限制其同某些国家或者地区进行进口、出口、交通、货物中转、提供技术支持、进行技术及知识转让以及其他经济活动方面的禁令的，处三个月以上三年以下监禁并处罚金。

（二）犯本条第一款之罪，并因此而对塞尔维亚共和国造成财产损失的，或者对塞尔维亚共和国的名誉及利益造成危害后果的，处一年以上八年以下监禁并处罚金。

第三百八十五条　滥用国际标记罪

（一）滥用或未经授权携带联合国机构或者国际红十字会的旗帜徽章或其他标记，或者其他标示在特定设施上的用于免受军事打击的国际公认标记的，或者命令实施上述行为的，处三年以下监禁。

（二）在军事作战区域犯本条第一款之罪的，处六个月以上五年以下监禁。

第三百八十六条　发动侵略罪

（一）鼓动或者教唆发动侵略战争的，处二年以上十二年以下监禁。

（二）命令发动侵略战争的，处十年以上监禁，或者三十年以上四十年以下监禁。

第三百八十七条　种族及其他歧视罪

（一）基于种族、肤色、宗教、国籍、人种起源或者其他个人特征等方面的原因，侵犯国际社会所公认的或者塞尔维亚共和国所批准的国际条约所承认的基本人权或自由的，处六个月以上五年以下监禁。

（二）基于对相关组织或个人在捍卫人类平等方面所作之努力的仇视而对其进行迫害的，依照本条第一款之规定处罚。

（三）散布某一种族优于其他种族的思想的，或鼓吹种族仇恨或教唆种族歧视的，处三个月以上三年以下监禁。

（四）基于种族、肤色、宗教、国籍、人种起源或者其他个人特征等方面的原因，散布或者以其他方式公开让他人得到包含鼓动或者颂扬针对某一个人或者某一群体实施仇恨、歧视或者暴力行为的理论或者意识的书籍、图像或者其他资料的，处三个月以上三年以下监禁。

（五）基于种族、肤色、宗教、国籍、人种起源或者其他个人特征等方面的原因，公开向某一个人或者某一群体以实施应被判处四年或者四年以上的犯罪相威胁的，处三个月以上三年以下监禁。

第三百八十八条　贩卖人口罪

（一）以使他人接受剥削性劳动、强迫劳动、实施犯罪、卖淫、拍摄色情制品、非法移除人体器官或肢体或者参加武装冲突等剥削压榨行为为目的，使用暴力、威胁，或者实施欺骗或者隐瞒真相行为，或者借助权势监护地位或者他人对自己的依属地位，或者利用他人的艰难处境，或者扣押他人的身份证件，或者以提供或者接受金钱或者其他利益，招募、运输、中转、出卖、购买、中介、藏匿或者扣留他人的，处三年以上十二年以下监禁。

（二）针对未成年人犯本条第一款之罪，即使没有使用暴力、威胁或者本条第一款所提及的其他方式的，也应依照本条第一款之规定处罚。

（三）针对未成年人犯本条第一款之罪的，处五年以上监禁。

（四）犯本条第一款及第三款之罪，并因此而造成受害人身体严重伤害的，处五年以上十五年以下监禁。

（五）犯本条第一款及第三款之罪，并因此而造成受害人死亡的，处十年以上十五年以下监禁。

（六）习惯性犯本条第一款及第三款之罪的，或者以犯罪团伙形式犯本条第一款之罪的，处五年以上监禁。

（七）以有组织犯罪集团形式犯本条第一款之罪的，处十年以上监禁。

（八）知道或者应当知道某人是贩卖人口罪的受害人，利用受害人之不利地位或者允许他人利用被害人之不利地位，对被害人实施本条第一款中所规定的剥削行为的，处六个月以上五年以下监禁。

（九）针对未成年人犯本条第八款之罪的，处一年以上八年以下监禁。

（十）本罪中的被害人是否接受了本条第一款中的剥削行为或者被奴役状态，对于本条第一款、第二款及第六款之罪的成立并无影响。

第三百八十九条　以收养为目的贩卖儿童罪

（一）以收养为目的，违反法律诱拐未成年人或者十六周岁以下的人员的，或者收养上述人员的，或者为收养上述人员提供中介的，或者以收养为目的，收购、出卖、中转、运输、隐藏上述人员，或者为其提供食宿的，处一年以上五年以下监禁。

（二）习惯性犯本条第一款之罪的，或者以犯罪团伙形式犯本条第一款之罪的，处三年以上监禁。

（三）以有组织犯罪集团形式犯本条第一款之罪的，处五年以上监禁。

第三百九十条　奴役或者运输被奴役人员罪

（一）违反国际法准则，奴役他人或者使他人忍受奴役之地位的，或者扣留处于奴役状态或者类似地位之人员的，或者购买、出卖、中转上述人员的，或者为购买、出卖、中转上述人员提供中介的，或者引诱他人出卖自由或引诱照顾者或者养育者出卖被照顾者或者被养育者自由的，处一年以上十年以下监禁。

（二）将处于奴役状态或者类似地位之人员从一国运送到另一国的，处六个月以上五年以下监禁。

（三）针对未成年人犯本条第一款及第二款之罪的，处五年以上监禁十五年以下监禁。

第三百九十条－a　危及应受国际保护人员安全罪

针对受国际保护人员实施暴力的，或者攻击其官邸、私人住宅或交通工具的，处六个月以上五年以下监禁。

第三百九十一条　实施国际恐怖活动罪

（一）以危害外国或某一国际组织为目的，绑架他人的，或实施其他暴力行为的，或导致爆炸或火灾的，或实施其他危险行为或者威胁使用核武器、化学武器、细菌武器或者其他类似工具的，处三年以上十五年以下监禁。

（二）犯本条第一款之罪，并因此而造成一人或更多人死亡的，或者以犯罪团伙形式犯本条第一款之罪的，处五年以上十五年以下监禁。

（三）犯本条第一款之罪时，故意杀害他人的，或者以有组织犯罪集团形式犯本条第一款之罪的，处十年以上监禁，或者三十年以上四十年以下监禁。

（四）准备实施本条第一款至第三款之罪的，处一年以上五年以下监禁。

（五）本条第四款中的“准备”行为，是指为实施犯罪准备犯罪工具、消除障碍、同其他人进行商议、计划或者组织从而为实施犯罪创造条件。

第三百九十二条　挟持人质罪

（一）意图逼迫某一国家或国际组织实施或不实施某一行为，绑架并威胁杀害、伤害他人的，或将其作为人质的，处二年以上十年以下监禁。

（二）犯本条第一款之罪，在其绑架人质之意图实现之前，出于自愿主动释放人质的，可以免予处罚。

（三）犯本条第一款之罪，并因此而造成被绑架人死亡的，处三年以上十五年以下监禁。

（四）犯本条第一款之罪时，故意杀害被绑架人的，处十年以上监禁，或者三十年以上四十年以下监禁。

第三百九十三条　资助恐怖活动罪

（一）直接或者间接提供或者募集资金以资助实施本法第三百一十二条、第三百九十一条及第三百九十二条的犯罪的，处一年以上十年以下监禁。

（二）鼓励或者帮助提供或者募集用于实施本条第三百一十二条、第三百九十一条及第三百九十二条犯罪的资金的，无论该犯罪是否得以实施，也不论这些资金是否被用于实施这些犯罪，均应处六个月以上五年以下监禁。

（三）本条第一款中的资金，应当予以没收。

第三十五章　针对塞尔维亚共和国军队的犯罪

第三百九十四条　逃避服兵役罪

（一）没有正当理由，在接到召唤命令之后，拒不接受军事征募的，或者拒绝履行义务性军事服务的，或者预备役军事人员拒绝参加军事演习的，或者拒绝接受要求提供上述军事服务的征召通知书的，处罚金或者一年以下监禁。

（二）躲藏隐匿以逃避本条第一款之军事职责的，处三个月以上三年以下监禁。

（三）离开国家或在国外逗留，以逃避本条第一款之军事职责的，处一年以上八年以下监禁。

（四）鼓动或教唆数人犯本条第一款至第三款之罪的，犯本条第一款之罪的，处三年以下监禁；犯本条第二款及第三款之罪，处二年以上十二年以下监禁。

（五）犯本条第一款至第三款之罪的，如果出于自愿而向有关政府主管机关报到的，可以免予处罚。

第三百九十五条　逃避登记及审查罪

没有正当理由，违反法定义务，拒不遵守有关政府主管机关征召中所确定的登记及审查义务的，或者反对实施国防所需要的对人力资源及物质的登记及审查工作的，或者在上述登记或者审查中提供虚假信息的，处罚金或者一年以下监禁。

第三百九十六条 未能提供战备物资罪

（一）没有正当理由，违反法定义务，未在指定地点或者指定期限内，或者未按照所规定的要求向有关军事机关提供物资或者禽畜的，处罚金或者一年以下监禁。

（二）在战争、武装冲突期间或者紧急事态期间犯本条第一款之罪的，处六个月以上五年以下监禁。

第三百九十七条 以自残或者欺诈方式逃避兵役罪

（一）以逃避服兵役或被派遣到较为安逸的军事岗位为目的，伤害自己身体的，或者以其他方法使得自己暂时不能服兵役的，或许可他人对自己实施上述行为而暂时逃避服兵役的，或经过或未经他人允许以同样之目的，对他人实施上述行为的，处三个月以上五年以下监禁。

（二）犯本条第一款之罪，并因此而造成永远不能服兵役之后果的，处一年以上八年以下监禁。

（三）意图实现本条第一款之犯罪目的，谎称患病的，或为自己或他人使用虚假文件的，或实施其他欺诈行为的，处三个月以上五年以下监禁。

第三百九十八条 非法免除他人兵役罪

滥用其职权，使应当履行接受军事职责的有关人员得以免除兵役的，或将其派遣到较为安逸的军事岗位的，处六个月以上五年以下监禁。

第三百九十九条 擅离塞尔维亚共和国军队罪

（一）军事人员，在没有请假的情况下，离开其部队或者岗位不超过五日，并且此种行为在一年中数次发生的，或者在执行重要军事任务时或在其所在部队战备级别升级时，擅离其部队或岗位的，处罚金或者一年以下监禁。

（二）军事人员隐藏行径以逃避在武装部队服兵役的，或擅离其部队或岗位超过三十日仍未返回的，处三个月以上三年以下监禁。

（三）军事人员离开国家或在国外逗留以逃避在武装部队服兵役的，处一年以上八年以下监禁。

（四）军事人员，预谋逃到国外以逃避在武装部队服兵役的，处三个月以上三年以下监禁。

（五）鼓动或者教唆数名军事人员犯本条第一款之罪的，处一年以上八年以下监禁。

（六）鼓动或者教唆数名军事人员犯本条第二款及第三款之罪的，处二年以上十二年以下监禁。

（七）犯本条第二款及第三款之罪，如果出于自己意愿而向有关政府主管机关报到的，可以免予处罚。

第四百条　未能或者拒绝服从命令罪

（一）军事人员未能执行或拒绝执行，由其上级官员依照职责所发布的命令，并因此而给军事部门造成严重危害后果的，或足以造成严重危害后果的，处三个月以上三年以下监禁。

（二）犯本条第一款之罪，并因此而给军事部门造成特别严重的危害后果的，或者未能执行，或者拒绝执行接受及使用武器的命令的，处一年以上八年以下监禁。

（三）过失犯本条第一款及第二款之罪的，犯本条第一款之罪的，处罚金或者一年以下监禁；犯本条第二款之罪的，处三个月以上三年以下监禁。

第四百零一条　反抗上级罪

（一）军事人员，同其他军事人员相勾结，反抗上级依照职责所发布的命令的，或拒绝执行上述命令的，或拒绝履行其职责的，处三个月以上三年以下监禁。

（二）以有组织的形式犯本条第一款之罪的，处一年以上五年以下监禁。

（三）犯本条第一款及第二款之罪时使用武器的，处一年以上八年以下监禁。

（四）犯本条第三款之罪时因过失而导致他人死亡的，处二年以上十二年以下监禁。

（五）犯本条第二款之罪的组织者或领导者，处二年以上十年以下监禁。

（六）准备犯本条第二款之罪的，处三个月以上三年以下监禁。

（七）军事官员，在本条第一款至第四款之情况下，在其职权范围以内并未采取规定的、指令的，或者明显必要的措施恢复秩序的，处一年以上五年以下监禁。

第四百零二条 对抗执行特定军事职责的军事人员罪

对抗正在执行警戒、巡逻、守望、看守或者执行相似职责的军事人员，或者拒不服从上述人员的盘问，或者未能执行或拒绝执行上述人员的命令，并因此而对军事部门造成严重危害后果的，或足以造成严重危害后果的，处三个月以上三年以下监禁。

第四百零三条 对执勤军事人员实施强制罪

（一）使用暴力或以威胁直接使用暴力为手段，阻止军事人员执行任务，或者以同样之手段强迫其执行军事任务的，处三个月以上三年以下监禁。

（二）犯本条第一款之罪，并因此而对军事部门造成严重危害后果的，处一年以上八年以下监禁。

（三）犯本条第一款之罪的，处罚未遂。

第四百零四条　攻击执勤军事人员罪

（一）攻击或威胁攻击正在执勤的军事人员的，处罚金或者三个月以上三年以下监禁。

（二）犯本条第一款之罪，并因此而造成军事人员身体伤害的，或者威胁使用武器的，处三个月以上五年以下监禁。

（三）犯本条第一款之罪，出于过失而造成军事人员严重身体伤害的，或对军事部门造成严重危害后果的，处一年以上八年以下监禁。

（四）犯本条第一款之罪时，出于过失而导致军事人员死亡的，处二年以上十年以下监禁。

第四百零五条　对本法第四百条至第四百零四条之罪的免予处罚

被军事人员的非法行为或粗鲁行为所激怒，并因此而犯本法第四百条、第四百零一条第一款、第四百零二条、第四百零三条第一款、第四百零四条第一款及第二款之罪的，可以免予处罚。

第四百零六条　虐待下级或低军衔军事人员罪

（一）军事官员，在服役中或在与服役相关联的活动中，虐待下级或低军衔军事人员的，或侮辱其人格的，处三个月以上三年以下监禁。

（二）犯本条第一款之罪，并因此而导致下级或低军衔军事人员严重身体伤害或者严重损害其健康的，或者针对数人犯本条第一款之罪的，处一年以上五年以下犯罪。

第四百零七条　违背特殊军事职责罪

（一）军事人员违背执行警戒、巡逻、守望、看守或其他类似的军事职责的规章，并因此而对军事部门造成严重危害后果的，或者足以造成严重危害后果的，处罚金或者三个月以上三年以下监禁。

（二）在储备武器、弹药、爆炸物的仓库中，或在其他具有重要军事价值的军事设施中犯本条第一款之罪的，处三个月以上五年以下监禁。

（三）犯本条第一款及第二款之罪，并因此而造成他人严重身体伤害，或造成较大财产损失，或造成其他严重危害后果的，处一年以上八年以下监禁。

（四）犯本条第一款及第二款之罪，并因此而造成一人或者更多人死亡的，处二年以上十二年以下监禁。

（五）过失犯本条第一款之罪的，处罚金或者一年以下监禁；过失犯本条第二款之罪的，处罚金或者二年以下监禁；过失犯本条第三款之罪的，处三个月以上三年以下监禁；过失犯本条第四款之罪的，处一年以上八年以下监禁。

第四百零八条　违背边境警卫职责罪

（一）军事人员在边境执行任务期间，违背边境警卫规章，并因此而对军事部门造成严重危害后果的，或足以造成严重危害后果的，处六个月以上五年以下监禁。

（二）犯本条第一款之罪，并因此而造成他人身体严重伤害的，或者造成较大财产损失，或者造成其他严重危害后果的，或者在特殊环境中执行任务期间犯本条第一款之罪的，处一年以上八年以下监禁。

（三）犯本条第一款之罪，并因此而造成一人或者更多人死亡的，处二年以上十二年以下监禁。

（四）过失犯本条第一款之罪的，处罚金或者一年以下监禁。

（五）犯本条第四款之罪，而造成本条第二款之后果的，处三个月以上三年以下监禁；犯本条第四款之罪，而造成本条第三款之后果的，处一年以上八年以下监禁。

第四百零九条　提交虚假报告或陈述罪

（一）军事人员在正式向上级提交口头或者书面报告时，如果该报告中对军事部门非常重要的信息并不真实或者该报告中遗漏本不该遗漏的事实，或者军事人员明知该报告存在上述错误但却仍然进行提交，并因此而对军事部门造成严重危害后果的，或足以造成严重危害后果的，处三个月以上三年以下监禁。

（二）犯本条第一款之罪时，如果所提交的报告或陈述具有特殊重要意义的，或者对军事部门造成特别严重危害后果的，处一年以上八年以下监禁。

（三）过失犯本条第一款之罪的，处罚金或者一年以下监禁；过失犯本条第二款之罪的，处三个月以上三年以下监禁。

第四百一十条　未能采取措施保障军事单位安全罪

（一）军事官员在其职责范围以内，未能采取规定的、指令的或其他明显必要的措施，保障军事单位安全，或者未能对由其负责的相关人员的生命及健康提供相应保护，或者未能防护或保养相关战争设施、物品或装备，以使其功能处于良好状态，或者未能提供食品、军事装备，或者未能看护或照顾禽畜，或者未能按时及正确地进行修理工作或者对应予提供保护的军事设施提供相应的安全或警卫保护，并因此而危及公众生命健康安全以及具有较大价值财产的安全的，处三年以下监禁。

（二）犯本条第一款之罪，并因此而造成他人身体严重伤害，或者造成较大财产损失，或者造成其他严重危害后果的，处六个月以上五年以下监禁。

（三）犯本条第一款之罪，并因此而造成一人或者更多人死亡的，处一年以上十年以下监禁。

（四）过失犯本条第一款之罪的，处罚金或者一年以下监禁。

（五）犯本条第四款之罪，而造成本条第二款之后果的，处三年以下监禁；犯本条第四款之罪，而造成本条第三款之后果的，处五年以下监禁。

第四百一十一条 不谨慎生产及接收军事物资罪

（一）军事人员，或其他在生产国防必需品的企业、组织、团体，或机构中受委托而负责国防必需品的生产管理、技术加工及监管的工作人员，不谨慎执行受委托的任务，并因此而导致武器、弹药、爆炸物或其他战备物资不能按时生产，或未能达到规定质量标准的，处三个月以上三年以下监禁。

（二）军事人员或者其他工作人员，不谨慎履行其职责，接受不合格的、或未达到相关合同要求标准的武器或者军事装备的，依照本条第一款之规定处罚。

（三）犯本条第一款及第二款之罪，并因此而造成严重危害后果的，处一年以上八年以下监禁。

（四）过失犯本条第一款及第二款之罪的，处罚金或者一年以下监禁。

（五）犯本条第四款之罪，并因此而造成第三款规定之后果的，处三个月以上三年以下监禁。

第四百一十二条 不当管理武器罪

（一）未以适当的方式保管、存储、处置属于军事单位或军事机构的武器、弹药、爆炸物的，并因此而造成上述物品严重破坏、毁损或丢失的，处一年以下监禁。

（二）武器、弹药、爆炸物，或其他战备物资的管理人员，未能对上述物品采取适当安全措施或养护措施，并因此而造成上述物品的严重破坏、毁损或丢失的，处三个月以上五年以下监禁。

（三）犯本条第二款之罪，并因此而造成较大财产损失的，处一年以上十年以下监禁。

（四）过失犯本条第二款之罪的，处罚金或者二年以下监禁。

（五）犯本条第四款之罪，并因此而造成本条第三款之后果的，处三个月以上五年以下监禁。

第四百一十三条　非法处置受托管的武器罪

行为人对受委托而供本人使用的，用于塞尔维亚共和国国防所需的武器、弹药、爆炸物，而予以侵占、丢弃、抵押、破坏、毁损、或移交他人使用的，处三个月以上五年以下监禁。

第四百一十四条　盗窃武器或部分战斗装备罪

（一）盗窃塞尔维亚共和国国防所需的武器、弹药、爆炸物或部分战斗装备的，处六个月以上五年以下监禁。

（二）如果本条第一款所涉及的被盗物品价值超过四十五万第纳尔的，或侵入封闭的建筑、房屋，或其他封闭的场所实施盗窃及打破封闭的保险箱、柜子实施盗窃的，或者以犯罪团伙形式实施盗窃的，或者以特别危险或野蛮手段实施盗窃的，或者为攻击或防御而在盗窃时携带武器或危险器具的，或者在火灾、水灾或相似的灾难发生时实施盗窃的，处二年以上十年以下监禁。

（三）如果本条第一款所涉及的被盗物品价值超过一百五十万第纳尔的，处二年以上十二年以下监禁。

第四百一十五条　泄露军事秘密罪

（一）未经授权泄露、移交，或以其他方式使他人得到包含军事秘密的情报的，或以将军事秘密移交给无权接触该情报的人为目的，而设法获取该情报的，处六个月以上五年以下监禁。

（二）犯本条第一款之罪，具有非法牟利之目的的，或牵涉到特别机密的情报的，或在国外公布或使用军事秘密的，处一年以上八年以下监禁。

（三）过失犯本条第一款之罪的，处三年以下监禁。

（四）本条所称“军事秘密”，是指由法律、规章，或由有权依照法律而通过的决定所宣称为军事秘密的情报或文件，对其泄露应当导致或可能导致塞尔维亚共和国的武装部队或其国防备战工作遭受重大损失。

（五）本条第五款中的“军事秘密”，不包括命令实施严重侵犯人类基本权利、危害塞尔维亚共和国宪法秩序及国家安全犯罪的信息或者文件，也不包括意图隐瞒应当被判处五年或者五年以上犯罪行为的信息或者文件。

第四百一十六条　未经授权进入军事设施罪

未经授权而擅自进入军事设施的，或者明知不被允许但却对军事设施或者战斗装备进行测绘、描画，或对其拍照的，或以其他方式对其进行录像的，处三年以下监禁。

第四百一十七条　对在战争、武装冲突及紧急事态期间犯罪的处罚

（一）在战争、武装冲突及紧急事态期间，犯本法第三百九十四条第一款，第三百九十九条第一款及第四款，第四百条第一款及第三款，第四百零一条第一款、第六款及第七款，第四百零二条，第四百零三条，第四百零四条第一款及第二款，第四百零六条，第四百零七条第一款、第二款及第五款，第四百零八条第一款、第四款及第五款，四百零九条，第四百一十条第一款及第四款，第四百一十一条第一款、第二款、第四款及第五款，第四百一十二条第一款、第二款、第四款及第五款，第四百一十三条，第四百一十四条第一款，第四百一十五条第一款及第三款和

第四百一十六条之罪的，处二年以上十年以下监禁。

（二）在战争、武装冲突及紧急事态期间，犯本法第三百九十四条第二款至第四款，第三百九十七条，第三百九十八条，第三百九十九条第二款、第三款、第五款及第六款，第四百条第二款，第四百零一条第二款至第五款，第四百零四条第三款及第四款，第四百零七条第三款，第四百零八条第二款，第四百一十条第二款及第五款，第四百一十一条第三款，第四百一十二条第三款，第四百一十四条第二款及第三款以及第四百一十五条第二款之罪的，处三年以上十五年以下监禁。

（三）在战争、武装冲突及紧急事态期间，犯本法第四百零七条第四款、第四百零八条第三款以及第四百一十条第三款之罪的，处十年以上监禁。

第四百一十八条　未能执行军事动员罪

（一）军事人员在战争、武装冲突及紧急事态期间违背其职责，未能确保被动员人员或者牲畜的接收、调配、食宿、运输或者转送，或者未能确保给被动员人员或者牲畜提供给养，并因此而造成或者可能造成危害后果的，处一年以上五年以下监禁。

（二）犯本条第一款之罪，并因此而造成严重危害后果的，处十年以上监禁。

（三）过失犯本条第一款之罪的，处三年以下监禁。

（四）犯本条第三款之罪，并因此而造成本条第二款中的危害后果的，处六个月以上五年以下监禁。

第四百一十九条　危害军事及国防利益罪

（一）在未经抵抗或者未用尽一切御手段的情况下，破坏、毁损防御装置、国防设施、阵地、军火，或者其他军事或者国防装备、船只或者航空器，或者将其移交给敌人，或者让其部队向敌人投降的，或者以其他手段妨碍或者危及军事或者国防设施的，处三年以上十五年以下监禁。

（二）以帮助敌人为目的，犯本条第一款之罪的，处五年以上十五年以下监禁。

（三）准备犯本条第一款及第二款之罪的，处一年以上六年以下监禁。

（四）过失犯本条第一款之罪的，处一年以上八年以下监禁。

（五）犯本条第一款及第二款之罪，并因此而造成一人或者更多人死亡的，或者危及众人生命的，或者伴随有严重暴力行为的，或者造成严重财产损失的，或者危及国家安全及经济、军事利益的，处十年以上监禁。

第四百二十条　阻止同敌人作战罪

（一）在战争及武装冲突期间，阻止塞尔维亚共和国公民或者其盟国公民同敌人作战的，处五年以上十五年以下监禁。

（二）在战争及武装冲突期间，通过发放宣传材料或者以其他方式，恐吓塞尔维亚共和国公民或者其盟国公民同敌人作战的，处一年以上八年以下监禁。

第四百二十一条　背叛国家及投降敌人罪

（一）军事人员在战争及武装冲突期间投敌叛变的，处十年以上监禁。

（二）军事人员在战争及武装冲突期间，在未用尽一切御手段的情况下向敌人投降的，处二年以上十年以下监禁。

第四百二十二条　为敌人武装力量服务罪

（一）塞尔维亚共和国公民，在战争或武装冲突期间，为敌人武装力量服务的，或者作为其战斗人员参加针对塞尔维亚共和国及其盟国的战争的，处三年以上十五年以下监禁。

（二）招募塞尔维亚共和国公民为敌人武装力量服务，或者使其作为战斗人员参加针对塞尔维亚共和国及其盟国的战争的，处五年以上十五年以下监禁。

第四百二十三条　帮助敌人罪

（一）塞尔维亚共和国公民，在战争或武装冲突期间，帮助敌军进行食物或者其他物质的征收、扣留，或者帮助敌人针对塞尔维亚共和国平民实施任何强制性措施的，处二年以上十年以下监禁。

（二）在战争期间同敌人进行政治或者经济合作的，依照本条第一款之规定处罚。

（三）犯本条第一款及第二款之罪，并因此而造成一人或者更多人死亡的，或者危及众人生命的，或者伴随有严重暴力行为的，或者造成严重财产损失的，或者危及国家安全及经济、军事利益的，处十年以上监禁。

第四百二十四条　在战斗中未能履行职责及擅离职守罪

（一）军事人员在战斗中或者在战斗即将开始前，未能履行职责，并因此而给军事部队或者战斗形势造成不利后果的，处二年以上十年以下监禁。

（二）军事人员在战斗中或者在战斗即将开始前，任意或者频繁擅离职守的，依照本条第一款之规定处罚。

（三）犯本条第一款及第二款之罪，并因此而造成严重危害后果，处十年以上监禁。

第四百二十五条　违抗命令放弃阵地罪

（一）军事指挥官违抗命令，在尚未用尽一切防御手段的情况下，伙同其指挥的部队放弃所防守的阵地的，处二年以上十二年以下监禁。

（二）犯本条第一款之罪，并因此而造成严重危害后果的，处十年以上监禁。

第四百二十六条 过早放弃受损的船只或航空器罪

（一）军事舰只的船长在战争或者武装冲突期间，在尚未完全履行其所应担负的法定的管理军事舰只的职责之前，放弃受损船只的，处二年以上十年以下监禁。

（二）军事舰只的船员在战争或者武装冲突期间，在船长下达弃船命令之前放弃受损船只的，或者军事航空器的机组成员在战争或者武装冲突期间，在未能完全履行其所应担负的航空器飞行或使用职责之前放弃受损航空器的，处一年以上八年以下监禁。

（三）犯本条第一款之罪，并因此而造成严重危害后果的，处十年以上监禁；犯本条第二款之罪的，并因此而造成严重危害后果的，处二年以上十年以下监禁。

第四百二十七条 削弱战斗士气罪

（一）在战斗期间或者在战斗即将开始之时，通过在部队中激起失望情绪，散布令人恐慌的消息，逃跑、抛弃武器弹药，激起或者散布恐怖气氛，或者以其他方式削弱战斗士气或者对战斗形势造成不利影响的，处二年以上十二年以下监禁。

（二）军事指挥员在战斗期间，或者在战斗即将开始之时，未能采取措施，制止其下属或低军衔军官在其部队中散布恐怖气氛，或者以其他方式削弱战斗士气或者对战斗形势造成不利影响的，处一年以上八年以下监禁。

（三）犯本条第一款及第二款之罪，并因此造成严重危害后果的，处十年以上监禁。

第四百二十八条　未能向军事机关通报重要事件罪

（一）军事人员在战争、武装冲突及紧急事态期间，未能向上级军官、或者高军衔军官或者军事指挥员通报明显需要采取紧急军事措施的事件的，处三年以下监禁。

（二）犯本条第一款之罪，并因此造成严重危害后果的，处二年以上十年以下监禁。

第四百二十九条　宣告惩戒性惩罚或措施的条件

对于犯有针对塞尔维亚共和国军队的法定刑不超过三年监禁之罪的军事人员而言，如果法庭认为该犯罪行为情节特别轻微，并且考虑到相关军事部门的急迫需要，法庭可以依法让该犯罪人中接收法定的惩戒性惩罚或措施，以代替刑事处罚。

第四百三十条　执行上级命令而犯罪的刑事责任

下级军人执行上级依照其职责而发布的命令的，则其执行命令行为不构成犯罪。但如果其所执行之命令涉及战争犯罪或其他依法可能被判处五年或者更严厉刑罚的犯罪的，或如果其明知执行该命令会构成犯罪的，则应对其适用刑罚。

第三编 附 则

第三十六章 过渡及结束条款

第四百三十一条

（一）当本法生效时，下列法律将停止适用：《基础刑法典》（南斯拉夫社会主义联邦共和国官方公告一九七六年第四十四号、一九七七年第四十六号、一九八四年第三十四号、一九八四年第三十七号、一九八七年第七十四号、一九八九年第五十七号、一九九零年第三十八号，一九九零年第四十五号以及一九九零年第五十四号，南斯拉夫联盟共和国官方公告一九九二年第三十五号、一九九三年第十六号、一九九三年第三十一号、一九九三年第三十七号、一九九四年第二十四号以及二零零一年第六十一号），《塞尔维亚共和国刑法典》（塞尔维亚社会主义共和国官方公告一九七七年第二十六号、一九七七年第二十八号、一九七九年第二十号、一九八四年第二十四号、一九八六年第三十九号、一九八七年第五十一号、一九八九年第六号、一九八九年第四十二号、塞尔维亚共和国官方公告一九九零年第十六号、一九九零年第二十一号、一九九一年第二十六号、一九九一年第七十五号、一九九二年第九号、一九九二年第四十九号、一九九二年第五十一号、一九九三年第二十三号、一九九三年第六十七号、一九九四年第四十七号、一九九五年第十七号、一九九八年第四十四号、二零零二年第十号、二零零二年第十一号、二零零二年第八十号、二零零三年第三十九号、二零零三年第六十九号）；

（二）当本法生效时，下列法律条款将停止适用：

1.《国民议会代表选举法》（塞尔维亚共和国官方公告二零零零年第三十五号、二零零三年第五十七号和二零零四年第十八号）第一百零五条至第一百零七条；

2.《放射性射线防护法》（南斯拉夫联盟共和国官方公告一九九六年第四十六号）第四十五条；

3.《禁止在南斯拉夫联盟共和国境内建设核电站法》（南斯拉夫联盟共和国官方公告一九九五年第十二号）第三条；

4.《采矿法》（塞尔维亚共和国官方公告一九九五年第四十四号）第九十二条；

5.《反垄断法》（南斯拉夫联盟共和国官方公告一九九六年第二十九号）第十二条；

6.《税收程序及税收管理法》（塞尔维亚共和国官方公告二零零二年第八十号、二零零二年第八十四号、二零零三年第二十三号、二零零三年第七十号、二零零四年第五十五号、二零零五年第六十一号）第一百七十二条至第一百七十四条；

7.《预防洗钱犯罪法》（南斯拉夫联盟共和国官方公告二零零一年第五十三号）第二十七条；

8.《塞尔维亚共和国银行法》（塞尔维亚共和国官方公告二零零三年第七十二号以及二零零四年第五十五号）第八十七条；

9.《海关法》（塞尔维亚共和国官方公告二零零三年第七十三号以及二零零五年第六十一号）第八十七条；

10.《破产法》（塞尔维亚共和国官方公告二零零四年第八十

四号）第一百七十九条、第一百八十一条及一百八十二条；

11.《药品及医疗管理法》（塞尔维亚共和国官方公告二零零四年第八十四号）第一百四十一条；

12.《公共和平与秩序法》（塞尔维亚共和国官方公告一九九二年第五号、一九九三年第五十三号、一九九三年第六十七号，以及一九九四年第四十八号）第二十四条；

13.《武器弹药法》（塞尔维亚共和国官方公告一九九二年第九号、一九九三年第五十三号、一九九三年第五十三号、一九九三年第六十七号、一九九四年第四十八号、一九九八年第四十四号和二零零三年第三十九号）第三十三条；

14.《博彩法》（塞尔维亚共和国官方公告二零零二年第八十四号）第九十七条；

15.《海洋与内水航行法》（南斯拉夫联盟共和国官方公告一九九八年第十二号、一九九九年第四十四号、一九九九年七十四号和二零零年七十三号）第一千零五十二条；

16.《贸易法》（南斯拉夫联盟共和国官方公告一九九三年第三十二号、一九九三年第四十一号、一九九三年第五十号、一九九四年第四十一号、一九九六年第二十九号和二零零二年第三十七号）第四十六条－a；

17.《证券和其他财政票据法》（南斯拉夫联盟共和国官方公告二零零二年第六十五号和塞尔维亚共和国官方公告二零零三年第五十七号、二零零四年第五十五号和二零零五年第四十五号）第二百四十四条；

18.《武器及军事装备生产及贸易法》（南斯拉夫联盟共和国官方公告一九九六年第四十一号）第三十一条；

19.《保险法》（塞尔维亚共和国官方公告二零零四年第五十

五号、二零零四年第七十号和二零零五年第六十一号）第二百二十一条；

20.《规划及建设法》（塞尔维亚共和国官方公告二零零三年第四十七号、二零零六年第三十四号）第一百四十九条至第一百五十条；

21.《预防在体育活动中的暴力及不当行为法》（塞尔维亚共和国官方公告二零零三年第六十七号、二零零五年第一百零一号）第二十条。

第四百三十二条

本法自二零零六年一月一日起开始生效。